596

(L'ouvrage attribué par Barbier
à <u>Crébillon</u> fils l'est par Quérard
à <u>La Beaumelle</u>.)

— Quérard fait observer que les
initiales avec lesquelles on a signé
la dédicace sont celles des noms de
La Beaumelle. (<u>La Beaumelle</u> Laurent
Angliviel (De).

Double
L 1900
51

L'ASIATIQUE

TOLÉRANT.

TRAITÉ À L'USAGE

DE

Lojiis-quinze-Roi-des-françois,

ZEOKINIZUL ROI DES KOFIRANS,

SURNOMMÉ LE CHÉRI.

Ouvrage traduit de l'Arabe du Voïageur

BEKRINOLL.

Par Mr. de ✳✳✳✳✳✳.

crebillon fils *Voy - le Dict.*

J'excuse les erreurs & non les cruautés.

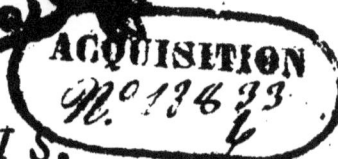

A PARIS,

Chez DURAND, Ruë St. Jacques,
à St. Landry & au Griffon.

L'A. XXIV. du Traducteur.

A MADAME

LA

COMTESSE DE B**.

MADAME,

C'est un bien petit présent qu'une Traduction. Mais puis-je vous offrir autre chose? Des Pensées, nées à mille lieues de nous vous plairont peut-être; & c'est l'envie de vous plaire qui m'engage à vous les présenter. Votre suffrage me flatteroit infiniment. Mais Vous entendez trop bien les finesses de notre Langue pour que j'ose me le promettre. Vous ne vous attendiez pas, Madame, à cette Epitre Dédicatoire. Mais pouvez-vous trouver mauvais que je saisisse l'occasion de vous dire en

Pro-

Prose, ce que je vous dis l'Année paf-
sée en Vers, que j'ai l'honneur, en
dépit de la Fortune & des Dames,
d'être avec le respect le plus dif-
tingué,

MADAME,

À Paris ce 15 Décembre
1748.

Votre très-humble
& très-obéïffant
Serviteur,

L. B. L. D. A.

PRÉFACE

ASSEZ NÉCESSAIRE.

J'Avois deffein de conter au public l'Hiftoire de ce Traité ; mais quoique le récit des Avantures réelles d'un Livre foit peut-être moins ridicule, que ne l'eft celui de mille Avantures imaginaires, qu'on publie aujourd'hui, je m'en abftiens, parce qu'il importe fort peu au Lecteur de fçavoir par quel heureux hazard cet Ouvrage m'eft tombé entre les mains. S'il le lit, il le devinera aifément ; s'il ne le lit pas, ce feroit autant de peine perduë. Je me bornerai donc à le mettre au fait de certaines chofes effentielles pour l'intelligence de cette Piéce.

Riftke-

Riſtkeſuſi fonda, je ne ſai en quelle année, un grand Empire. Comme ſa Domination étoit douce, & qu'il n'exigeoit que les hommages du cœur, beaucoup d'Empereurs & de Rois firent gloire de relever de lui, & lui prêtèrent ferment de fidélité. Il dut ces Conquêtes à un petit nombre de Succeſſeurs, qui ſuivirent ſi bien ſon exemple, qu'ils réaliſèrent la belle chimère de l'âge d'Or dans les Païs, où ils regnèrent.

Après l'extinction de la Famille Roïale, le Gouvernement changea de forme. Il devint ce qu'il devoit être, Ariſtocratique & Démocratique tout enſemble. La République commença bientôt à dégénérer, parce que les loix des *Riſtkeſuſi* fûrent mal interprétées par des Seigneurs ignorans, & encore plus mal obſervées. Cependant les Princes ne ſe relâchèrent point de l'obéïſſance, qu'ils lui avoient jurées. Fideles à leurs engagemens, ils s'honoroient du titre de ſes Vaſſaux.

Le

Le changement des Mœurs, dont la pureté s'altéra infenfiblement, produifit par degrés un changement confidérable dans l'Etat. Une Femme, à qui l'on avoit confié le gouvernement d'une grande Province, réfolut de recouvrer un Empire, qui lui avoit autrefois appartenu, mais qu'elle avoit depuis long-tems perdu par fa lâcheté. On auroit bien dû s'en méfier, puifqu'elle avoit déjà fait fes preuves d'ambition.

Elle profita habilement du pouvoir qu'elle avoit en main. Elle s'aggrandit peu à peu. Elle fçut plier à propos, mettre dans fes intérêts les Princes Tributaires de la République, fe faire de faux titres, employer utilement la violence & la douceur, les priéres & les menaces pour gagner fes rivales, faire valoir le nom illuftre & refpectable qu'elle portoit, divifer fes ennemis, fe parer des dehors d'un zéle ardent pour la gloire de *Riftkefufi*, dont on n'avoit pas oublié les exploits.

Un

Un fyftême d'ambition conduit avec tant d'adreffe, favorifé de mille circon- ftances, ne pouvoit manquer d'avoir un heureux fuccès. Ne voïons-nous pas dans nôtre Europe des Princes pren- dre l'effor vers le Defpotifme fur des ailes beaucoup moins fûres?

Emor (c'étoit fon nom) fe conten- ta d'abord de titres fort modeftes. Puis, elle en voulut de plus relevés; on lui en donna. Enfin, après bien des dé- bats, elle fut prefque généralement re- connuë pour la Touderftha de la Répu- blique *Riftkéfufienne.* Cette prémiére dignité de l'Etat conduifit plus haut en tout tems & en tout Païs ceux qui en fûrent revêtus.

Emor porta plus loin fes vûes ambi- tieufes. Elle prétendit à la Monarchie univerfelle & réuniffant en fa perfonne deux Pouvoirs incompatibles, tenant d'une main l'Encenfoir & de l'autre le Glaive, elle jetta fur je ne fai quelle *Pierre* les fondemens de fon nouvel Em- pire. L'Exécution de fes vaftes pro- jets

jets n'alloit pas avec la même promti-
tude que ses desirs. Ennuiée de cette
lenteur, elle leva le masque, & régna
seule, toûjours pourtant sous le nom
de *Ristkesusi*. La Tyrannie qu'elle exer-
ça sur les Princes & les Sujets augmen-
ta prodigieusement sa puissance. Les
plus grands Monarques, qui sans doute
étoient alors les plus imbécilles, trem-
bloient au seul son de sa voix. Un mor-
ceau de Papier, qu'elle ne daignoit pas
même remplir de caractères Magiques,
suffisoit pour les déthrôner. On dit qu'elle n'exerce plus aujourd'hui ce pouvoir
Déthrônant: mais j'imagine qu'elle a
bien envie de l'exercer. On ne se dé-
fait pas aisément d'une pareille habitu-
de. Au moins est-il sûr, qu'il lui prend
de tems en tems des fantaisies, qui en
approchent, si mes MÉMOIRES ne me
trompent.

Que fit-elle pour perpétuer ce Despotisme Absolu? Elle supprima le Code
de *Ristkesusi*, & lui en substitua un nouveau, qui n'étoit autre chose que son

A 5   bon

bon plaifir. Quelques-uns de fes ennemis ou de fes envieux, qui étoient toûjours à l'affut, s'apperçûrent de la fu-
percherie. Ils murmurèrent contre cet
attentat. Les revoltes fuivirent les mur-
mures; & un petit nombre de Sages fui-
vit les revoltés. Les fupplices les plus
cruels fûrent inventés pour les diffiper.
Emor établit un Tribunal de fang, chargé de raffiner fur la Barbarie Européen-
ne. Les Afiatiques nous égalèrent bien-
tôt. On dit que cette Chambre arden-
te fubfifte encore parmi eux. Ce fait
eft-il vraifemblable? Je m'en rapporte.

Cette inhumanité ne fit que groffir le
nombre des féditieux. On fe rapella
une Loi de *Riftkefufi*, qui condamnoit
en termes formels ce Tribunal. La Rei-
ne, voïant que cette opinion défavorable
commençoit à s'accréditer, fit affem-
bler les Pairs, & leur ordonna de décider, que la Loi dénonçoit les peines
les plus terribles à tous ceux qui ne tra-
hiroient pas les Rebelles. Cette décifion foudroïante, prononcée par une
Affem-

Affemblée refpectable aux yeux de l'ignorance, fut éxécutée. Prefque tous les bons Citoïens fûrent immolés.

Le fang de ces victimes çimenta la puiffance d'*Emor*. Elle régna paifiblement pendant quelques fiécles. Un régne de quelques fiécles! va dire quelque incrédule; Oui. Cela n'eft pas vraifemblable. Cela eft pourtant vrai. La Superftition, le Préjugé, l'Intérêt concourent également à l'éternelle durée de fa vie.

Mais enfin, un redoutable Adverfaire s'éleva contre elle. Il jetta feu & flammes contre l'ufurpatrice. Il prédit même la ruine totale de fon Empire; mais tous fes efforts n'aboutîrent qu'à lui débaucher une partie de fès Sujets, & à tirer de la pouffière les Loix de *Riftkefufi*.

Ce Héros eut des Généraux qui l'égalèrent. *Kanvil* fe diftingua dans le Roïaume des *Kofirans*. Et s'il avoit eû plus de Politique, il l'auroit entiérement fouftrait à la Domination d'*Emor*. Mais

Mais l'Homme eſt toûjours Homme par quelque endroit.

Ses Ennemis le perſécutèrent de la manière la plus violente. Ses amis le ſoutinrent avec tout le zéle imaginable. Ce n'étoient que troubles, que diviſions, que guerres Civiles. D'un côté, l'on voïoit la fureur d'un Parti, qui vouloit tout détruire. & de l'autre, le zéle d'un Parti qui ne vouloit pas être détruit. Les *Kofirans* ſe maſſacroient mutuellement. Et pourquoi? Pour une Bagatelle Les uns diſoient qu'il falloit obéïr à *Emor*, les autres ne vouloient obéïr qu'à *Riſtkeſuſi*. Du reſte, les opinions de *Kanvil* n'avoient aucune influence ſur le Gouvernement. Les plus forts ſe portèrent aux dernières extrémités. Ils projettèrent d'égorger les *Kanviliens*, dont ils endormirent la vigilance par une Paix ſimulée. Ce projet fut éxécuté en partie, à la honte éternelle de la nation, qui en rougit, quoiqu'elle ne ceſſe d'en enfanter de ſemblables.

Quelques années après, *Kroten-bueri* monta

monta fur le Thrône de *Kofiranie*, qui lui appartenoit par droit de fucceffion, mais qu'il fut obligé de conquérir ; parce qu'il étoit partifan de *Kanvil*, de forte qu'il dut fa couronne au fang de ceux de fes Sujets, qui ne vouloient pas fouffrir, qu'*Emor* donnât le foüet à leur Roi, qui pourtant le reçut à la fin en la perfonne de fon Ambaffadeur. Un tel fervice méritoit quelque reconnoiffance. Auffi ce grand Prince leur en témoigna-t-il beaucoup. Il leur accorda de grands Priviléges, dont il crut leur affurer la poffeffion paifible par un Edit Authentique, appellé le *Tfandenidt*.

Zéoteirizul, fon Fils, promit de le maintenir. Mais en quel païs la Parole Roïale eft-elle ce qu'elle devroit être? C'étoit un Prince, foible, en tous fens. Le *Klarnadi* de *Kilerieu* régna fous fon nom. Il devoit les commencemens de fa fortune à *Emor*. Soit par Politique, foit par Reconnoiffance, foit par Reffentiment, car il eft difficile de deviner les motifs qui faifoient agir ce Génie impé

impénétrable , il ébrécha le *Tſandenidt*.
Les Mécontens courent aux armes. Ils
ſons vaincûs : on leur offre la Paix. Ils
l'acceptent. On confirme leurs Priviléges. On fixe leur Etat. Leurs conſciences ſont libres , leur obéïſſance au Roi
eſt inviolable.

Zéokarotizul , qui lui ſuccéda ſans difficultés , quoique . . . . *Mes
Mémoires ont ici une Lacune* . . . . . . jura
de ne porter aucune atteinte au *Tſandenidt*. Les *Kanviliens* ſe diſtinguèrent ſous
ſa Minorité par leur zéle pour ſon ſer-
vice. Il leur rendit même ce glorieux
témoignage , qu'il n'avoit point de Sujets plus fideles qu'eux. Mais malheu-
reuſement il donna dans la Dévotion ,
après avoir donné dans le libertinage.
De la Bigoterie au Crime il n'y a pas
loin. Les Diſciples d'*Alloyo* lui en apla-
nîrent les chemins. Ce ſont , dit-on ,
les premiers hommes du monde pour
ſéduire avec adreſſe. Ils ſe diſent de la
ſociété de *Riſtkeſuſi* , quoiqu'ils trou-
blent toutes les Sociétés civiles. Ils
s'em-

s'emparèrent de sa confiance, & lui
persuadèrent de violer sa parole, pour
expier ses débauches, & de faire un
Enfer de son Roïaume, pour se fraïer
le chemin du Ciel. Conscience en vérité bien dirigée!

La *Kismare* de *Nannete-oim*, Prêtresse
de Cypris, qu'il avoit presque placée
sur le Thrône, appuïa ces beaux conseils. Elle crut rendre service à Dieu,
en sévissant sur les *Kanviliens*, qu'elle
haïssoit uniquement parce que ses Péres
les avoient aimés. Le *Tsandenidt* fut
supprimé. *Emor* triompha. On félicita
Zéokarotizul d'avoir terrassé à jamais une
Hydre jusqu'alors renaissante. On le
dit en Prose; on le chanta en Vers; on
en frappa des Médailles. Voilà le Mon-
stre étouffé; on le crut; mais on se
trompa. Trente neuf ans après, il re-
parut.

Zéokinizul crut qu'il devoit commencer son Régne par verser le sang
de ses Sujets. *L'Ebba Boisdu*, un de ses
Ministres, qui avoit intérêt de gagner
Emor,

Emor, de laquelle il vouloit obtenir une efpèce de Bonnet, fans doute pour couvrir les ravages, que fes libertines amours avoient fait fur fa tête, *Boisdu*, dis-je, lui fit figner une Déclaration, qu'*Emor* ou le Diable étoient feuls capables de dicter, & *Villeba* d'éxécuter.

Zéokinizul porta donc les derniers coups à un Monftre, dont on avoit depuis long-tems fait l'Epitaphe. Mais les *Kanviliens* fe roidîrent héroïquement contre les efforts d'une Charité litéralement brûlante. Leur fermeté fut inébranlable ; leur nombre ne diminua point. Leurs cendres produifirent d'autres euxmêmes.

Zéokinizul eut une longue & rude guerre à foûtenir. Les *Kanviliens* s'attroupèrent par milliers pour rendre leurs hommages à *Riftkefufi*, & protefter contre la Tyrannie d'*Emor*. Ils fe flattoient, que leur Roi auquel ils avoient donné avec tous les autres Sujets le titre de *Chéri*, ne démentiroit point ce glorieux Titre. Mais qu'ils connoiffoient mál

la

la Cour! Malgré les preuves les plus é-
clatantes de fidélité qu'ils lui donnèrent,
malgré l'offre qu'ils lui firent de cinquante mille hommes, prêts à mourir
pour fon fervice, ils fûrent perfécutés,
même pendant la Guerre, qui avoit toûjours été pour eux un tems de bonace.

Un Gentil-homme de *Rifpa*, capitale de la *Kofiranie*, attaché à *Emor* par
la naiffance, mais ennemi de la Tyrannie, plein de zèle pour le fervice de
fa Patrie & pour la gloire de fon Prince, également diftingué par les qualités
de l'*Efprit* & par celles du *Cœur*, dont
il connoiffoit & fuïoit les *Egaremens*,
craignant qu'après la Paix l'orage ne ré-
doublât, & le craignant avec raifon, é-
crivit par pure générofité le Traité dont
je donne aujourd'hui la Traduction. Il
eut eû le courage de la préfenter à *Zéo-*
kinizul, fi le courage feul eut fuffi. Il
le lui dédia. Ses Miniftres le lûrent. Je
ne fçai quels effets il produifit; je fai
feulement, qu'il en eut dû produire de
fort bons. Qu'on en juge. Auffi bien

B   un

un Traducteur ne doit pas en être crû sur sa parole.

J'ai pris d'assez grandes libertés dans ma Traduction. Mais je ne me suis jamais écarté du sens de l'Original. J'ai seulement adouci certaines expressions. On en trouvera encore un grand nombre de trop fortes. Mais l'exactitude, dont je me pique, ne m'a point permis de les changer quelqu'envie que j'en eûsse. Du reste, je déclare, que je ne suis point dans tous les sentimens de l'Auteur que je traduis; & je prie le Public de ne pas me faire l'injure de croire, que je doute, que la Persécution entre Chrétiens ne soit une œuvre aussi méritoire, que la persécution entre *Riftkéfufiens* est abominable, & que Rome n'ait des droits qu'*Emor* n'a pas.

APPROBATION.

NOus fouffignés certifions avoir lû un Manufcrit, intitulé ; *Traité fur la Tolérance* &c. & en avoir approuvé les Maximes, qui tendent à rétablir l'union parmi les hommes , & condamné celles qui touchent au pouvoir illimité des fouverains, quoiqu'elles ne contiennent rien que de raifonnable.

Rayercour.
Laievote.
Zetkrèz.
L'Ebba de Zeibern.
L'Ebba de Zizour.
Kloduz.
L'Ebba d'Ivetot.
Kinera.
Zuitpermau.
Nairam.
La Kismare de Zethalet.
Zouviram. &c.

Krefedir de Zerpuz.
Zeaukadzeu.
Kilerieu.
Kiteficonoüem.
Kiraume de Xeas.
Ladneulu.
Tiurenflo.
Pausrema.
Kantvig.
L'Ebba el-er-mol.
Le Kismar de Kavenz.
&c.

PRIVILEGE.

NOus Roi d'*England*, Duc de *Magernie*, Margrave de *Kuietur*, Prince de *Néchila*, Comte d'*Effuis*, Marquis de *Kofiranie*, ci-devant Souverain d'*Eliati* & Stathouder de *Handello* &c. &c. &c. A nos amez & féaux Conseillers, & à tous nos Juges & Officiers qu'il appartiendra, Salut.

Notre bien-Amé & féal Chevalier ***. nous aïant remontré très humblement, qu'il souhaiteroit pour le bien du Public faire imprimer un Livre, sous le Titre de *Traité sur la Tolérance &c.* aïant ouï le rapport qui nous a été fait dudit Livre, & aïant vu l'Approbation de nos Docteurs, nous lui accordons nos Lettres de Privilege à ce nécessaires, nous lui avons permis & accordé, permettons & accordons par ces présentes de faire imprimer, vendre & débiter à perpétuité dans tous nos lieux d'obéïssance ledit Livre. En outre, faisons défenses à tous Princes de quelque qualité ou condition qu'ils soient, d'en défendre ou d'en empêcher l'entrée dans leurs Etats, sous peine de confiscation entiere de *Raison*, & d'autres chatimens dans les Païs, où telle Confiscation n'a pas lieu: à condition qu'avant l'exposition dudit Livre en vente, il en sera mis deux Exemplaires dans la Bibliotheque du *Vrelou*, un dans celle du Collège de *Gadreonizull*, un dans celle du *Tecom* de *Tinrenflo*, le tout à peine de nullité des présentes, du contenu desquelles nous vous mandons

&

& enjoignons de faire jouïr l'expofant,
& tous les Libraires du Monde, nonob-
ftant autres Lettres à ce contraires. Car
tel eft notre bon plaifir. L'An cent di-
zième de notre Regne.

Signé

Par le **BON SENS** en fon Confeil

Et plus bas

TELLENEPHON.

LETTRE

A

ZÉOKINIZUL,

ROI DES KOFIRANS.

SIRE,

Que votre Majesté me permette de
percer la foule des flatteurs qui l'envi-
ronnent, pour porter aux pieds de son
Thrône la Vérité! Je ne vous louërai
point sur cette valeur triomphante, qui
fait l'admiration & la terreur de toute
l'Asie. Assez de Panégyristes chantent
vos victoires. Je n'offrirai de l'encens
qu'à cette bonté, qui est l'Ame de votre caractére. Grand par vos Conquêtes, il s'agit à présent, Sire, d'augmenter l'éclat de votre gloire en ou-

vrant les yeux sur les miseres de vos
Sujets.

Il en est trois Millions, qui gémissent
dans l'oppression depuis plus de soixan-
te années. Tout leur crime consiste à
demeurer inviolablement attachés aux
premiers sentimens du plus illustre de
vos Aïeux, le grand *Kraten-hueri*, sentimens, qu'ils préférent je ne sai par quel
aveuglement à ceux que ce Prince em-
brassa depuis par nécessité.

Il est vrai, car il ne faut rien dissi-
muler, qu'on les accuse de violer vos
loix; mais il ne l'est pas moins, que
tout ce qu'il y a de gens sensés parmi
nous convient qu'ils ne sauroient les observer sans enfraindre celles d'un Roi,
plus grand que vous ne l'êtes, Sire,
d'un Roi par lequel vous regnez, de
l'Immortel *Ristkesusi*. Ainsi l'impossibi-
lité les justifie.

Héritier du Thrône de *Kraten-hueri*,
souffrirez-Vous, Sire, qu'au mépris de
sa parole auguste, on persécute sans
cesse ceux à qui Votre Majesté doit sa

Cou-

Couronne? Ils font auffi fideles Sujets que nous le fommes. Plufieurs Seigneurs de Votre Cour ont en main des preuves de leur fidélité. Pourrez-Vous, Sire, Vous réfoudre à fortir de Votre caractere de douceur, pour détruire tant de milliers d'Ames, qui ne font coupables, que d'une ignorance involontaire, & qui ne ceffent de former pour Votre confervation les vœux les plus fincéres & les plus vifs? Les *Frokirans* verront-ils le meilleur de leurs Rois tremper fes mains dans le fang de leurs Freres?

Non, Sire, la cruauté n'eft point faite pour un cœur comme le Vôtre. Votre Majefté, vive & brillante image de la Majefté Divine, n'oubliera jamais ce qu'elle doit à fes Peuples, ni ce qu'elle fe doit à elle-même. En tolérant les *Kanviliens*, elle travaillera au bien de fon Roïaume & à fa propre gloire. Elle révoquera ces injuftes Edits, qui font la honte de la Nation. Elle enlevera aux ennemis de la *Frokiranie* l'unique Sujet de fe confoler de leurs pertes,

l'unique

l'unique moïen de les réparer. Elle fera voir, en accordant une liberté véritablement *Frokirane*, aux adverfaires
d'*Emor*, que fes Fils aînés favent s'é-
loigner du précipice de l'Intolérance,
où leur Mere voudroit les conduire.
Elle rendra la Patrie auffi floriffante
par la Tolérance, qu'elle a été jufqu'ici affoiblie par les Perfécutions.

Ces flatteufes efpérances m'ont engagé à compofer ce Traité. Mon zele pour le Service de Votre Majefté
m'ordonne de le confacrer à fon ufage. Il ne m'appartient pas, Sire, de
Vous donner des leçons ; mais il appartient encore moins à un Monarque des *Kofirans* de faire des malheureux. Votre Bifaïeul ceffa d'être Grand,
dès qu'il commença à être Perfécu-
teur. Votre Majefté voudroit - elle,
en fuivant fon exemple, ceffer d'être
le *Chéri* de fes Peuples, & noïer dans
des flots de fang, un Titre, qu'ils lui
ont unanimement donné parmi les
pleurs & les allarmes, un Titre que

les

les plus grands Princes lui envient, un Titre qui est incompatible avec celui d'Intolérant.

J'ai l'honneur d'être avec le plus profond respect,

SIRE,

De *Votre Majesté*

À Rispa

Le très humble, très-obéïssant & très fidele Serviteur & Sujet,

BEKRINOLL.

PLAN DE CET OUVRAGE.

JE combats un Préjugé affez généra-lement répandu. Devrois-je me flat-ter de le détruire, après que le Sçavant *Eliab* n'a pu y réuffir? Non; & je fou-haite plus que je ne l'efpere de conver-tir les Intolérans. Cependant l'efprit hu-main a fait en ceci quelques progrés. Jadis les *Dervis* canonifoient la Perfé-cution & les Perfécuteurs. Enfuite, ils fe bornèrent à les aprouver, & à les juftifier; mais comme leurs Apologies étoient auffi ridicules, que leurs exploits étoient barbares, on en eut horreur; on prit le parti de nier à toute l'Afie des faits dont toute l'Afie étoit témoin. Les plus ardens Perfécuteurs ajoutant l'im-pofture à la violence accufèrent de ca-lomnie les Perfécutés. Depuis, on eft allé plus loin. Le plus grand de nos Poë-tes a parlé ouvertement contre l'Intolé-rance. Un illuftre Membre de notre Sé-nat l'a condamnée. Un Difciple d'*Al-leyo* avouoit ingénument, qu'elle étoit une tache à la gloire d'*Emor.*

Je puis donc, dans ce fiècle lumineux,

par-

lonté feule peut nous en faire membres : fans la perfuafion de l'efprit, fans l'acquiefcement, on ne fauroit obéïr à fes Loix. Ce Principe porte fa preuve avec foi. La conféquence que j'en tire, c'eft que tout moïen, qui veut forcer la volonté eft diamétralement contraire aux vuës facrées de *Riftkefufi*. Il veut les hommages du cœur. L'Intolérance n'a prife que fur les mouvemens du Corps. Quelle eft la violence qui a produit la conviction ? Et fans conviction, peut-on être *Riftkéfufien* ?

Le *Kuéve Zobzuet* demande fièrement aux *Kanviliens* un Texte des Loix de *Riftkefufi*, qui éxcepte les Errans des peines qu'on doit infliger aux Malfaiteurs ; & je lui en demande un, moi, qui mette au nombre des malfaiteurs les Errans ? C'étoit bien lui, qui devoit faire cette queftion, lui qui, peu d'années auparavant avoit prouvé, que les *Kanviliens* étoient à peu près dans les mêmes idées que nous.

Quelques juftes prétentions que nous aïons

aïons à nous dire les seuls & vrais Disciples de *Riſtkeſuſi* , quoique nous aïons pour nous l'antiquité des charges & des Titres , les promeſſes formelles de notre Roi, une Succeſſion non interrompuë, la pompe des Cérémonies , la pureté des Loix, ſi nous ne ſommes Tolérans nous ne ſaurions nous parer du titre de *Riſtkéſuſiens*. Si nos ſemblables , au lieu de trouver en nous des Freres , ne trouvent que des ennemis implacables, il eſt impoſſible que nous ſoïons Amis de *Riſtkeſuſi*. Les Errans pourront toujours nous dire: *Emor* n'eſt point charitable; donc, elle n'eſt point *Riſtkéſuſique*. Quelle réplique ferons-nous à cet Argument?

S'il étoit vrai, comme on l'a dit ſouvent, que la violence fut commandée par la Loi de notre commun Maître, il le ſeroit auſſi , que *Riſtkeſuſi* n'eſt qu'un Tyran qui nous opprime, un Impoſteur qui nous ſéduit. Et combien ſes principes ſont-ils éloignés d'une pareille idée? Arma-t-il jamais pour ſa défenſe

ces

ces Légions d'Intelligences, qui étoient continuellement à sa solde ? Les seules armes qu'il mit en œuvre, ce fûrent des prodiges inouïs. Le Dieu des Chrétiens ordonna la * contrainte ; mais lui, loin de forcer les corps à des actes externes, ne força pas même la volonté, sur laquelle il pouvoit agir d'une façon immédiate. Ses Généraux fûrent ses imitateurs ; & ne combattîrent que sous les Drapeaux de la douceur.

Riſtkeſuſi prédit bien à ses Sujets, qu'ils auront à essuïer de violentes persécutions ; mais je défie qu'il leur ait prédit, qu'après avoir été persécutés, ils seront à leur tour persécuteurs. S'il leur avoit commandé la violence, il seroit en contradiction avec lui-même ;
chaque

_____

* Mon Auteur a, sans doute en vuë ce fameux passage : *Contrains-les d'entrer.* Bayle a fait tous ses efforts pour l'expliquer à la Huguenote ; mais il est de la derniere évidence, que J. C. a voulu dire : Dragonnez, pillez, pendez les hommes pour les forcer à croire. c'est un Commentaire, dont nous avons l'obligation au Clergé de France.

chaque inſtant de ſa vie fut marqué par des actions de charité, & ſes Loix ne reſpireroient que barbarie ? Il ne mériteroit que le tître d'Impoſteur habile, qui auroit ſcû couvrir du maſque de la modération l'arrêt le plus inique & le plus cruel. Non; le Roïaume de *Riſtkeſuß* eſt un Roïaume de Paix. Quelle impiété que de vouloir en reculer les bornes par l'Epée ? Forcer les gens à coups de ſabre à le reconnoître pour leur Roi, c'eſt avouer tacitement, qu'on ne le reconnoit pas ſoi-même pour tel.

Que diroit-il, s'il revenoit au monde, en voïant dans ſon ſein des hommes, qui n'y ſont point volontairement, des hommes qui, après avoir eu le malheur de s'égarer, ſont remis par force dans le bon chemin, des hommes, qui offrent à tout le monde la Tolérance, & qui ne ſont point tolérés, des *Riſtkéſuſiens*, qui gémiſſent dans les priſons, qui rament dans les Galéres, qui ſont envoïés au gibet, parce qu'ils ne veulent point encenſer la ſtatue d'*Emor*, parce

C

qu'ils

qu'ils ne veulent pas dire qu'ils croïent ce qu'ils ne croïent pas, parce qu'ils ne veulent point fe rendre dignes de ces châtimens par une lâche diffimulation, par une hypocrifie déteftable, qu'il a lui-même condamnée, en difant que chacun doit fuivre les mouvemens de fa confcience, éclairée ou erronée?

Que diroit-il, en voïant des Dragons parmi fes Soldats, prendre les cœurs comme on prend les Villes, une Compagnie refpectable par fes lumières, & encore plus par fes habits & fon équipage menacer les *Kanviliens*, que *s'ils ne fe réüniffent à Emor*, c'eft-à-dire, s'ils ne deviennent hypocrites, *leurs derniers malheurs feront pires que les premiers*? Que diroit-il de tant de différentes Perfécutions, approuvées par ceux qui devoient en arrêter le cours? Nous reconnoitroit-il pour fes Sujets? Non fans doute. Chofe étrange! Aveuglement inconcevable! Nous violons publiquement la Loi fondamentale du Code de *Riftkefufi*, que nous convenons qu'on doit

doit obferver, & nous perfécutons ceux qui enfraignent le Code d'*Emor*, dont ils prétendent que l'obfervation eft criminelle. Eft-ce en nous écartant de la bonne voïe, que nous les y ramenerons?

Montrons-leur, que nous fommes véritablement *Riftkéfufiens* : ils viendront en foule fe joindre à nous. Mais tant que nous mettrons à l'écart la Charité, & que nous les pourfuivrons à main armée, ils pourront nous dire : il vaudroit mieux, Scélérats ! que vous n'euffiez jamais connu *Riftkefufi*, que d'avoir pour fa gloire un zéle fi plein d'impiété.

Les fentimens des *Emorains* font fort partagés fur cet Article; & cette diverfité d'opinions eft à mon gré notre partie honteufe. Allez à *Dreflon*, vous y trouverez des partifans d'*Emor*, qui vous débiteront les plus belles chofes fur la Tolérance. Allez à *Rifpa*, vous en trouverez qui ne vous toléreront point ; quoique plufieurs avouent tout bas, que la Tolérance eft néceffaire, ils la con-

damne-

damneront tout haut. D'où vient cette différence contradictoire? De la différence des climats, qui produisant divers intérêts, produit des sentimens différens. Ne verrons-nous jamais les objets qu'à travers les *Télescopes* taillés par nos passions & par nos préjugés? Ne mettrons-nous jamais unanimement parmi les Articles de notre créance le dogme important de la Tolérance? Ne réfléchirons-nous jamais, que l'Intolérance est la plus monstrueuse de toutes les erreurs? Ne prendrons nous jamais la livrée du *Ristkésusisme?*

CHAPITRE II.

L'Intolérance est contraire au Droit Naturel.

QUand le *Ristkésusisme* ne combattroit pas en faveur de la Tolérance, elle trouveroit assez d'armes dans l'Arcenal du Droit Naturel. La Natu-

Nature nous unit par des befoins & des
fervices réciproques. L'Univers n'eſt
qu'une grande République ; nous fommes tous membres d'un même corps.
Nous devons tous concourir au bien de
la fociété, dont nous faifons partie. La
Raifon nous ordonne d'éclairer nos femblables, quand ils font dans l'erreur ; mais
nous ordonne-t-elle de les éclairer par
des fupplices ? & les fupplices éclairè-
rent-ils jamais l'efprit ?

Notre entendement ne dépend de perfonne, & la Confcience, qui eſt toujours dirigée par l'entendement ne rele-
ve que de Dieu. C'eſt à lui feul qu'il
appartient de tourner à fon gré la volonté toujours obéïffante & docile à l'im-
preffion de fa volonté fuprême. C'eſt
donc empiéter fur les droits de Dieu,
que de tyrannifer une faculté dont il eſt
feul le Maître. C'eſt donc choquer le
Droit Naturel, que de vouloir dépouil-
ler l'homme d'un bien dont la poffeffion
eſt inaliénable.

Bien plus. Favorifer l'Intolérance,

c'eſt

c'eſt approuver les meurtres, c'eſt ca-
noniſer la rapine, la licence, l'injuſtice,
la ſodomie. S'il eſt permis de tuer ſon
prochain, c'eſt-à-dire, de commettre
un crime pour l'amour de Dieu & la
gloire de *Riſtkeſuſi*, pourquoi ne ſera-t-il
pas permis par la même raiſon de devenir Chevalier * de la *Manchette*, quand
on pourra extirper par-là le *Kanvilianis-
me?* Parité parfaite. Je le repete; qu'on
y prenne garde; ſoutenir que l'Intolérance eſt autoriſée par les Loix de *Riſtkeſuſi*, c'eſt ouvrir la porte à tous les
vices, aux déſordres les plus crians. Il
ſeroit ſingulier, qu'on ne pût faire obſerver ces Loix, qu'en les violant.

L'Intolérance briſe les nœuds les plus
étroits

* Il y a dans l'original *Zeomilot uc cinta
Kaſitornu uku ken tomenzi*. Ceux qui l'entendent me ſçauront gré d'avoir traduit ces paroles impures par une expreſſion, qui en rend
au mieux le ſens, ſans en préſenter à l'eſprit
du Lecteur la Saleté. Les Ecrivains Aſiati-
ques ſont beaucoup plus libres que les nôtres.
Ne ſeroit-ce point préciſément parce que ces
Peuples ſont plus vertueux, que nous ne le
ſommes?

étroits de l'humanité : elle étouffe la voix de la Nature & du fang. Elle arme le mari contre la femme, l'enfant contre le pere, l'ami contre l'ami. Elle eft la fource de haines irréconciables. Elle divife ceux que l'Intérèt unit le plus fortement. Après cela, comment feroit-elle conforme aux lumieres de la faine Raifon? Que de crimes ce monftre vomi par les enfers ne traîne-t-il point à fa fuite?

Emor, la refpectable *Emor*, n'eut jamais le droit ni le pouvoir de changer la Nature des chofes. Ce qui eft injufte à tous égards ne fauroit devenir jufte par fa pratique. Que le *Konleki* de *Konketanz* ordonne de livrer les errans au bras féculier, de contraindre les Princes de les exterminer, qu'il abfolve du ferment de fidélité les Sujets des Rois qui n'obéïront point; qu'il confie à des Capitaines *Bigots* le foin de ces pieux exploits. Tout cela ne fait que blanchir. La vérité & la vertu ont des droits immuables, antérieurs à ceux d'*Emor*.

Le

Le crime fera toujours crime. L'autorité des *Kuéves* peut bien à la vérité décider infailliblement de ce qui doit être crû, mais non de ce qui doit être pratiqué. Ce font deux chofes, qu'il ne faut point confondre.

L'erreur eft inféparable de l'humanité. Elle eft, pour ainfi dire, notre appanage. Nous fommes moins faits pour connoitre la vérité que pour la chercher. Prenons-nous en à la Nature de l'aveuglement des hommes; mais ne les puniffons pas. Ils font coupables fans le favoir. Ils errent, tant pis pour eux. Ils font à plaindre, mais non condamnables. Ils font dignes de pitié & non de haine. La défobéïffance à *Emor* eft un grand mal. Donc, on ne doit pas la tolérer: fauffe conféquence. Il faudroit dire, donc on doit s'en garantir avec foin.

L'erreur & le préjugé ne fe gliffent dans notre efprit, qu'en prenant la forme de la vérité. Ils fe mafquent fi bien, que nous les prenons pour elle; & qui

peut

peut douter qu'alors nous ne leur devions le même refpect qu'à la vérité? De-là il s'enfuit que l'erreur n'eft point criminelle, & par conféquent qu'*Emor* ne fauroit avoir droit de la punir.

Mais, dit-on, les *Kanviliens* font des opiniâtres, qu'il faut châtier ; mais outre qu'il s'enfuivroit de ce principe, que les Princes *Emorains* doivent envahir les Etats des Princes *Kanviliens*, pour les punir de leur opiniâtreté, qui vous a établis juges de leur entêtement ; qui vous a dit qu'ils ne font pas finceres ? Pouvez-vous lire dans leur cœur? Leurs intérêts ne demandent-ils pas qu'ils reconnoiffent *Emor* pour fouveraine ? Cet intérêt eft fi preffant, leurs opinions leur font fi funeftes, que leur attachement prouve, qu'ils les prennent pour la vérité même, qu'ils aiment paffionnément, fans la connoître. Et ne prenons-nous pas nous-mêmes pour zéle infpiré du Ciel, le zéle fanatique de l'Intolérance ?

CHA-

CHAPITRE III.

Suites de l'Intolérance.

TOut ce qui est inutile ou pernicieux doit être proscrit. Retiendrons-nous donc plus long-tems le dogme de l'Intolérance, qui a ces deux belles qualités dans le degré le plus éminent? Prouvons-le.

1º. Elle est inutile, parce que les tourmens ne sauroient opérer sur l'esprit. On ne sauroit commander à la volonté de l'homme, dès-que cette volonté dépend de la persuasion. Qu'on mette un *Kanvilien* dans une noire prison; qu'on exerce sur son corps les cruautés les plus horribles. Son esprit n'en sera pas plus éclairé. Commander à un homme d'avoir telles & telles idées, c'est le comble de l'extravagance; c'est précisément comme si l'on ordonnoit à un Enfant de devenir tout à coup homme fait. Le

premier

premier eſt tout auſſi impoſſible que le
ſecond. A-t-on oublié qu'il y a deux
ſubſtances dans l'homme? L'Ame peut-
elle être pliée par les mêmes moïens que
le corps? Vouloir perſuader à coups de
bâtons l'entendement, c'eſt comme ſi
l'on vouloit redreſſer la matière avec de
bons Argumens. Quel eſt l'errant, que
le Perſécuteur ait convaincu? Quel eſt
le *Kanvilien*, que les Dragons aïent ra-
mené à la vérité? Qu'on m'en montre
un. Peut-être me rendrai-je alors. Juſ-
ques-là, je n'enviſagerai l'Intolérance,
que comme ſouverainement inutile à l'a-
vancement du Regne de *Riſtkeſuſi*.

Ignorez-vous, me dira un Perſécuteur, que par la perſécution on gagne
des milliers d'Ames? Si les Peres ne
ſont pas convaincus par les ſupplices,
leurs enfans deviennent de zélés Parti-
ſans d'*Emor*, & en ſavent bientôt autant
que nous en Intolérance.

Ce raiſonnement étoit bon dans la bouche du cruel *Villeba*; mais eſt-il poſſible
que quelques Docteurs de *Bonnezor* s'en
ſoient

foient fervis? Faut-il perdre les Peres, pour fauver les enfans? Ont-ils oublié, que l'utilité n'eft point la règle de la juftice, qu'il n'eft point permis de faire du mal, pour qu'il en arrive du bien? Cette Maxime fait l'Apologie de toutes les infamies, qu'on pourroit mettre en ufage, pour étendre la domination d'*Emor*. Si nous jugeons des actions par le profit, plus de bornes entre le vice & la vertu. La *Kofiranie* retombera dans une confufion horrible. Notre honneur, nos biens, notre vie ne dépendront que de l'autorité Légiflative des Perfécuteurs; *Frokirans*! pouvez-vous y penfer fans frémir?

L'objection que je viens de réfuter ne détruit point ce que j'ai avancé, que l'Intolérance eft inutile; car elle ne ceffe de l'être qu'accidentellement; & il fera toujours vrai que le fer & le feu ne fauroient être emploïés avec efficace à la conviction. On peut ordonner à l'homme d'agir; mais on lui commanderoit inutilement de croire.

2°. L'Intolerance eft pernicieufe à la gloire

gloire d'*Emor*. Elle ne fait que des hypocrites ou des Déïstes. Affreuse alternative! Les Cérémonies les plus augustes font profanées. Les faux fréres font confondus avec les véritables. Que de parjures ! que de facrilèges , qui font dreffer les cheveux , comme l'écrivoit à un Gouverneur de Province un Savant & pieux *Kuéve*! Les Perfecutés cédent à la force. Ils fe rangent fous les étendarts d'*Emor*. Qu'y gagne-t-on ? Des hypocrites. Ceux qui mettent tout en œuvre pour en augmenter le nombre ne feront-ils point refponfables devant le Créateur de l'univers de toutes les abominations , que ces intrus commettent tous les jours? Les *Kuéves* de *Kofiranie* n'ouvriront-ils jamais les yeux à tant d'horreurs? S'appuieront-ils toujours de l'autorité Roïale pour perpétuer l'imposture & le facrilége? Ils font les dépofitaires des Tréfors de *Riftkefufi*; les aviliront-ils, au point de les donner à ceux que leur créance en rend indignes? Le zéle de parti l'emportera-t-il fur le véritable zéle.

La

La *Kofiranie* fourmille de Déïstes. A qui en attribuer la cause ? à l'Intolérance. La suppression du *Tsandenidt* a jetté dans l'indifférentisme une quantité prodigieuse de *Kanviliens*, qui ont mieux aimé ne pas croire en *Riftkesusi*, que croire malgré eux en *Emor*. Après cela, que penser d'un dogme, dont les suites sont si dangereuses ? Quel est le bon *Riftkésusien* qui ne déplorera point les funestes fruits de la Persécution ? Il faut ou la proscrire, ou se résoudre à entasser crime sur crime. Point de milieu. Qu'on use des voïes de douceur, on n'aura point à se reprocher d'avoir fait des Hypocrites ; on pourra compter sur la bonne foi de ceux qui auront renoncé aux erreurs de *Kanvil*. Nous nous féliciterons avec raison de nos conquêtes. Etrange renversement ! nous voulons que les *Kanviliens* deviennent Sujets d'*Emor* ; & nous commençons à les rendre indignes de l'être par la dissimulation à laquelle nous les forçons. N'entendrons-nous jamais nos véritables intérêts ? Notre zéle, nos

passions,

'paſſions, nos préjugés nous aveugleront-
ils toujours?

C H A P I T R E IV.

Les Intolérans en contradiction avec eux-
mêmes.

LEs hommes naturellement convaincus, qu'ils ſont hommes, c'eſt-à-
dire ſujets à l'erreur, eſclaves du préjugé, voïent combien leurs lumières ſont
bornées, & combien leurs connoiſſances ſont obſcures. Ils ne veulent pas
que ceux qui ſont dans d'autres ſentimens qu'eux, les maltraitent à cauſe de
la diverſité des opinions, lorſqu'ils ſont
les plus foibles. Après cela n'eſt-il pas
étonnant, qu'ils veuillent perſécuter les
autres pour la même raiſon, dès qu'ils
ſont les plus forts, & cela, ſous prétexte de plaire à *Riſtkeſuſi*, quoique *Riſtkeſuſi* le défende expreſſément? Comment

ment dans un siécle aussi éclairé que le nôtre l'esprit de Tyrannie peut-il se cacher & nous séduire sous le voile de la piété ? C'est sans doute par le même enchantement, qui nous fait croire, que le pouvoir arbitraire est utile au bien de l'Etat, quelque contraire qu'il lui soit.

Autre contradiction ; mous faisons aux *Kanviliens*, disons-nous, une douce violence pour les ramener à *Emor*. La charité ne nous permet pas de les laisser dans la voïe de l'erreur, parce que c'est la voïe de perdition. Fort bien ! nous répondra un *Kanvilien* ; mais en attendant que vous déploïez à loisir votre zéle, exercez-le sur vous-mêmes ; déclarez la guerre à vos passions ; quand vous en aurez triomphé, vous verrez, si vous devez la déclarer à mes erreurs. Quelqu'un que je vois s'intéresser foiblement à son propre bonheur ne me persuadera jamais qu'il s'intéresse beaucoup au mien. Vous n'êtes *Ristkésusiens* que de nom ; & vous voudriez que je le fûsse plus que vous ne l'êtes vous-mêmes ?

Vous

Vous n'obfervez point les Loix les plus claires & les plus aifées ; & vous voulez que je me conforme à des Loix, claires felon moi, obfcures felon vous, différemment interprêtées par d'habiles Jurifconfultes de l'un & de l'autre parti, & dont l'obfervation eft inutile, de votre aveu, dès que le fens n'en eft pas bien entendu ?

Perfécuteurs ! j'en appelle à vous-mêmes. Ruinez-vous, pillez-vous, tourmentez-vous, pendez-vous les *Kanviliens* par un principe de cette charité qui eft le caractere diftinctif & peut-être unique du *Riftkéfufifme* ? Non ; je ne le croirai point jufqu'à ce que je vous voïe févir avec le même zèle, ou pour mieux dire, avec la même fureur fur ceux de vos parens & de vos amis, qui s'écartent de la partie de la Loi de *Riftkefufi*, dont tout le monde convient ; jufqu'à ce que vous pourfuiviez par le fer & par le feu ceux des Partifans d'*Emor*, qui fe livrent aux vices les plus crians. Quoi? Vous auriez pour autrui, pour des hom-

mes

mes qui vous font très indifférens, & à qui vous ne tenez que par les foibles nœuds de l'humanité, vous auriez pour eux une charité, que vous n'avez pas pour vos amis, pour vos fréres, pour vous-mêmes? Je me défie d'un pareil zèle.

Tous les *Riſtkéſuſiens*, que dis-je? Tous les hommes conviennent que la Fornication, l'Adultere, la Médiſance, la Calomnie, le Parjure font des déréglemens moins pardonnables, plus dangereux, plus funeſtes à la ſociété, que ne l'eſt le refus conſcienciel d'adhérer aux déciſions d'*Emor*. Les vices qui regnent parmi nous font ſans contredit plus puniſſables que les erreurs, parce qu'ils font volontaires, parce qu'ils deshonorent le *Riſtkéſuſiſme*, parce qu'ils font condamnés par cette Loi primitive, que la Nature a gravée dans le cœur de tous les hommes en caractéres ineffaçables. En effet, n'eſt-il pas infiniment plus criminel de porter dans le lit d'autrui des plaiſirs qu'on retranche à celle à qui l'on eſt uni par des fermens faits à la face des autels, que

de

de dire, qu'*Emor* n'a pas droit de dépeupler les Etats & de s'anéantir insensiblement elle-même, en faisant les hommes & les femmes mêmes Eunuques? N'est-il pas infiniment plus criminel de deshonorer la nature humaine par des excès de sensualité, que de croire qu'*Emor* n'est pas assez habile Magicienne pour opérer avec quatre paroles des prodiges contradictoires? N'est-il pas infiniment plus criminel, de diviniser l'Or & les Plaisirs, qu'il ne l'est de penser qu'*Emor* n'a aucun droit de diviniser les Dervis? N'est-il pas infiniment plus criminel de tromper les hommes soit par des infractions aux traités, soit par des fourberies adroites, que de dire avec l'expérience qu'*Emor* & ses Pairs sont sujets à se tromper même involontairement? N'est-il pas infiniment plus criminel?... Mais c'est trop appuïer là-dessus. La supérieure énormité du crime est constante.

La conséquence que j'en tire, c'est que les vices étant épargnés, les erreurs de-

vroient l'être à plus forte raison, & que
les Intolérans, qui tolérent les prémiers,
devroient tolérer les autres. Difons-le.
Un zèle qui emploie fi partialement le
fagot fent bien le fagot éternel. Perpétuer l'Empire des vices, détruire celui
des opinions ; quel renverfement d'ordre ! Pourquoi laiffons-nous fubfifter ce
reproche que les Infideles nous font fans
ceffe, que notre vie détruit nos fentimens ? Ne feroit-ce pas, comme le difoit l'*Ebba de Larzvil*, parce que les Dervis, qui font les principaux fauteurs de
l'Intolérance, fe fentent infiniment plus
propres à multiplier le Genre-humain &
le vice, qu'à multiplier les erreurs ?

Les Difciples d'*Alloyo*, dont on ne
peut que dire du mal, quand on en veut
dire la vérité, ont avancé mille maximes de la Morale la plus relâchée. Perfécuteurs ! Votre zèle peut s'exercer
contre eux. Vous pouvez compter fur
le fuffrage unanime de tous les honnê-
tes gens. Détruifez, s'il vous eft poffible, cette *infociable Société*. Mais faites
quartier

quartier au libertinage de l'esprit, puisque non seulement il est moins condam-
nable que le libertinage du cœur; mais
que même il est utile & à la société civile & aux progrès des Arts, & au *Ristkésusisme*, au lieu que l'autre ruïne la société, produit l'exil du savoir, & flétrit
le *Ristkésusisme*. Pourquoi auriez-vous
plus d'indulgence pour le crime que pour
l'erreur?

Emor souffre que dans la Capitale de
son Empire, les Courtisannes tiennent
école ouverte d'impudicité; & elle ne
peut souffrir qu'à deux cens lieues d'elle
on ose penser autrement qu'elle. Elle
accorde un azile aux plus violens ennemis de *Ristkésusi*; & elle le refuse à ses
plus ardens sectateurs. Est-il de contradiction plus grossiere? Quelle matiere à
réflexions pour quelqu'un qui a l'esprit
Philosophique! Quel scandale pour
le *Kanvilien*! N'est-il pas assez éloi-
gné de nous, sans qu'il soit nécessaire
de l'éloigner davantage par une hon-
teuse partialité? Peu de procedés sont

aussi

auſſi odieux que l'eſt celui des Intolérans.

_____

CHAPITRE V.

Suite du Chapitre précédent.

L'Abominable dogme que le dogme de
l'Intolérance! Les contradictions en
germent à milliers. Quelle charité, que
celle qui n'a d'autres inſtrumens que la
Rouë & l'Epée? Vous ſouhaitez me rendre heureux, vous dira un *Kanvilien*. Je
vous remercie de votre bon cœur. Mais,
je vous prie, attendez que je ſois en état
de profiter de ce généreux déſir, avant
que de me faire expirer au milieu des
tourmens. Selon vous, je ſerai infailliblement malheureux, ſi je ne jette pas
mes ſentimens dans le moule des vôtres;
attendez donc, de grace, que je change d'avis. Si vous voulez ſeulement que
je diſe de bouche ce que mon cœur dé-
menti-

mentiroit, il est visible que tout votre but n'est que de grossir votre parti. Oui; c'est-là votre Systême, si vous n'aviez d'autres vues, que d'avancer le regne de *Riftkefusi*, emploiriez - vous des armes contraires à l'usage de sa milice? Si vous souhaitiez à l'exemple du Capitaine de notre salut, rendre les hommes heureux, vous vous modéleriez sur ce Prince de Paix. Quand il envoïa ses Soldats à la conquête du Monde, il ne les arma ni d'épées ni de bâtons. Il ne les revêtit que du bouclier de la douceur & de la pureté des mœurs. Avoit-il d'autre méthode? Voilà ce qu'un *Kanvilien* pourroit dire, si le Persécuteur lui donnoit le tems de parler.

De plus, l'Intolérant avilit le *Riftkéfusifme*. Ne peut-il se maintenir que par la force? Les armes de la persuasion si efficaces autrefois sont-elles usées aujourd'hui? S'il est le même, n'est-ce pas de la même maniere qu'il faut le défendre? Quoi? Il étoit capable de convaincre, quand il n'étoit annoncé que par des

per-

perfonnes foibles & fans autorité, & il n'a plus ce pouvoir ? Dire qu'il doit s'étendre par la violence, c'eft lui enlever la grande raifon qui devroit le faire recevoir par-tout ; c'eft flétrir *Riftkefufi*, qu'on voudroit faire regner, c'eft tomber en contradiction avec foi-même.

Cependant, il faut tout dire, quoique le *Riftkéfufifme* ne change point de nature en changeant de fortune, il eft vrai que les *Riftkéfufiens* changèrent de fentimens fous le prémier de leurs Empereurs ; tant il eft certain qu'il eft difficile de pouvoir faire tout ce qu'on veut, & de ne faire que ce qu'on devroit ! Auffi un Nazaréen difoit-il avec raifon, qu'il n'y avoit point de bêtes, qui fiffent tant de mal aux hommes, que les *Riftkéfufiens* s'en faifoient les uns aux autres.

Il eft de la derniere évidence que cette contradiction des Perfécuteurs eft très nuifible au *Riftkéfufifme*. Car quel eft le Prince qui voudra en permettre l'entrée dans fes Etats, dès qu'il faura

qu'une

qu'une des Loix de *Riſtkeſuſi* ordonne,
ſelon les Intolérans, de perſécuter les
errans ? Sur ce pié-là, *Emor*, bien loin
d'étendre ſon Empire, court riſque de
perdre tous les jours de nouveaux Sujets.
Pourſuivons.

Nous croïons fermement que la déſo-
béïſſance des *Kanviliens* ſera ſévérement
punie dans l'autre monde ; Pourquoi
donc ne pas les traiter doucement dans
celui-ci ? Pourquoi accélérer leurs ſupplices, & les rendre éternellement malheureux avant le tems ? Pourquoi abré-
ger une vie, qu'ils n'auroient peut-être
pas finie dans l'erreur ? Cette erreur,
craint-on qu'ils ne la répandent ? Qu'on y
mette ordre ; mais qu'on reſpecte leurs
conſciences, dont la raiſon ſeule eſt
maîtreſſe ſouveraine.

Nous perſécutons les *Kanviliens*, parce que nous voulons leur ſalut. Nous
les pendons, parce qu'ils ne veulent pas
devenir hypocrites, & qu'ils ne peuvent
pas gagner ſur eux-mêmes de devenir
Emorains. Nous exigeons d'eux qu'ils

faſſent une choſe que nous ne voudrions pas faire, peut-être pour l'Empire du Monde. Conciliez-moi, je vous prie, ces contrariétés révoltantes, d'une maniere qui ſauve l'honneur de la Nature humaine, & qui ſoit approuvée par les Loix du Code de *Riſtkeſuſi*. C'eſt une tâche que je donne aux Perſécuteurs. Quoiqu'ils faſſent, quoiqu'ils diſent, ils ne ſe tireront jamais de ce pas.

Ils rougiſſent eux-mêmes de leur Intolérance. Ils la déſavouent en public. Ils ſoutiennent qu'ils ne ſe ſervent que des voïes de la douceur. Quelle idée voulez-vous que les *Kanviliens* aïent de notre bonne foi? Ils ſe plaignent, que nous leur fardons les vérités auxquelles nous adhérons. Nous nous juſtifions de notre mieux ; Nous étalons les preuves de notre ſincérité. Nous les preſſons de croire ; ils refuſent. Nous les y contraignons ; ils tempêtent, ils crient, ils ſe plaignent. Alors nous leur donnons froidement le démenti ; & nous leur ſoutenons que nous n'uſons point de

de violence. Ne doivent-ils pas nous regarder comme d'infignes menteurs? &
cette opinion *ne* doit-elle pas influer fur
le foupçon qu'ils ont, que nous leur faifons d'*Emor* un Portrait flatté? Encore
un coup, que voulez-vous qu'ils penfent
de notre fincérité?

S'il eft vrai, que la charité anime les
Perfécuteurs, pourquoi défendent-ils
l'entrée des Livres, qui font un récit fidéle des exploits de cette charité? Pourquoi nient-ils des faits dont-ils devroient
fe faire honneur? Pourquoi n'en font-
ils pas l'Apologie contre les libelles, qui les
noirciffent? Pourquoi ne les réfutent-ils
que par la main du bourreau? Pourquoi
ne réduifent-ils point en poudre par la
voïe du raifonnement les réflexions Phi-
lofophiques du célébre *Eliab*? Pourquoi
fe parent-ils d'une douceur imaginaire,
d'une douceur, dont leur conduite eft
l'antipode? n'eft-ce pas-là rendre tacitement hommage à la Tolérance? n'y eut-
il contre les Perfécuteurs que le public
defaveu de leurs perfécutions publiques,
cela

cela feul fuffiroit pour détruire leurs maximes fanguinaires, fi les hommes favoient réfléchir. En effet, · que penfer d'un dogme que fes plus zélés Partifans n'ofent foutenir ? Mais auffi, que penfer de ceux qui réduifent en pratique un dogme dont ils déteftent la Théorie, & dont ils défavouent même la pratique ?

Après ce que je viens de dire, on conviendra avec un Sénateur de *Rifpa*, que *les progrès qu'a fait l'Intolérance ne peuvent être regardés que comme une Eclipfe entiere de la raifon humaine.* Mais on va la voir foudroïée par les Pairs de l'Empire de *Riftkefufi*. Nous avons forcé les *Kanviliens* par les fupplices à fe féparer de nous ; & nous voulons les ramener à nous par les fupplices ?

CHAPITRE VI.

L'Intolérance condamnée par les Pairs au Roïaume d'Emor.

L'Autorité de nos Pairs eſt rejettée par les *Kanviliens.* J'en ſuis ſurpris. Car, outre qu'ils pourroient en tirer ſouvent avantage, elle leur eſt extrêmement fa‑vorable ſur cet Article. On feroit un gros Volume des Principes de Toléran‑ce ſemés dans les Ouvrages de ces Sacrés Interprêtes de notre Code. Je n'en citerai que quelques-uns, parce que j'ai envie de faire un bon & non un gros Livre.

„ On tourmente les Criminels, diſoit
„ *Terlientul,* pour leur faire avouer ce
„ qu'ils nient. On tourmente les *Riſt‑*
„ *kéſuſiens,* pour leur faire nier ce qu'ils
„ avouent. Juges! qui êtes établis pour
„ tirer la vérité de la bouche des coupa‑
„ bles, pourquoi vous efforcez-vous de
„ tirer le menſonge de notre bouche?
„ Que

„ Que cette conduite, si inégale & si
„ oppofée vous devienne enfin fufpecte !
—— Vive image de la conduite que nous
tenons depuis plus de 60. ans avec les
Kanviliens. Cette apoftrophe convient
admirablement bien à Meffieurs les Intendans , qui devroient apprendre du
même Pére que „ la vérité doit être em-
„ braffée de bon gré & non de force.

„ C'eft le propre de la piété, dit le
„ *Kuéve Zanathaë*, non de contraindre,
„ mais de perfuader , à l'imitation de
„ *Riftkefufi* , qui ne forçant perfonne
„ laiffoit à chacun la liberté de le fui-
„ vre. Ce n'eft pas avec les épées, ni
„ avec les foldats, que s'annonce la vé-
„ rité, mais par la parole qui produit la
„ perfuafion.

„ Nous avons appris de nos Auteurs,
„ dit le vénérable *Ebed*, que le fervice
„ de *Riftkefufi* doit être volontaire &
„ non contraint." Confeillez , dit le
bienheureux *Nardber*, mais ne forcez pas.
Il eft inouï, difoit le grand *Koïrekre*, de
contraindre les hommes à croire, à grands
coups

coups de bâton. Si la providence eût différé jusqu'à notre tems de donner à l'univers cet illustre Seigneur, il eut vu ses admirateurs faire tout leurs efforts pour rendre un sabre pathétique, & se glorifier pour comble d'impudence d'un succès imaginaire.

Les Pairs modernes ne font pas moins favorables à la Tolérance. *Tiersé*, *Kuéve de Zeimn*, *Neléfon*, *Arkuéve de Brakami* ont débité là-dessus les plus belles choses du monde. *Roisdi*, Docteur de *Bonnezor* n'a-t-il pas prouvé invinciblement, que l'esprit d'Intolérance n'est point l'esprit d'*Emor*.

Il faut convenir que le *Kuéve Zinakußu*, a parlé fort vivement en faveur de la Persécution. Mais dans le fonds ce n'est qu'une autorité, qui ne sauroit tenir un seul instant contre une bonne preuve. Et puis, ses mauvais raisonnemens, ses superficielles subtilités ont été mises en poudre par le fameux *Eliab*, à qui je défie hautement nos plus obstinés Persécuteurs de répondre solidement. Ajouteraiterai - je, que ce Pair inconftant étoit un fort bel-efprit, mais en même tems un fort mauvais Logicien. Rien de plus pitoïable que ce qu'il dit fur ce fujet. Il ne prouve autre chofe, fi non qu'il ne favoit point l'art de raifonner.

Ce que je viens de dire ne défabufera point les Partifans aveugles de *Zinakuftu*, qui le regardent comme un Oracle. Mais réduifons-les au filence ; & afin qu'ils ne fe prévalent plus de fon autorité, oppofons *Zinakuftu* à *Zinakuftu*. Voici deux paffages dans lefquels il s'eft réfuté lui-même.

„ Nous avons cru que nous devions
„ faire un meilleur choix, & que pour
„ vous faire revenir de vos erreurs il ne
„ falloit pas fe jetter fur les injures &
„ les invectives, ni irriter votre efprit
„ par de mauvais traitemens, mais qu'il
„ falloit attirer votre attention par des
„ paroles de douceur & des exhortations,
„ qui marquâffent la tendreffe que nous
„ avons pour vous, felon cette parole
„ de *Riftkefufi*: il ne faut pas que mon
„ Ser-

„ Serviteur aime les querelles, mais il
„ doit être doux envers tout le monde,
„ affable, patient, & reprendre d'un
„ air modeste ceux qui ne font pas de
„ fon fentiment. Que ceux-là féviffent
„ fur vous, qui ne favent combien il
„ eft difficile de trouver la vérité, &
„ d'éviter les erreurs. Que ceux-là fé-
„ viffent fur vous, qui ignorent, com-
„ bien il eft rare & pénible de faire cé-
„ der les fantômes de l'imagination au
„ calme d'un efprit pieux. Que ceux-là
„ féviffent fur vous, qui ne connoiffent
„ point les difficultés extrêmes qu'il y a
„ à purifier l'œil de l'homme intérieur,
„ pour le rendre capable de voir la vé-
„ rité, qui eft le Soleil de l'ame. Que
„ ceux-là féviffent fur vous, qui n'ont
„ jamais fenti les foupirs & les gémiffe-
„ mens qu'il faut pouffer, avant qu'on
„ puiffe obtenir quelque connoiffance de
„ l'Etre divin. Enfin, que ceux-là fé-
„ viffent fur vous, qui n'ont jamais été
„ féduits par des erreurs femblables à
„ celles que vous fuivez. Je paffe fous fi-

E   „ len-

,, lence cette fageſſe très pure, où un très
,, petit nombre de ſpirituels parviennent
,, en cette vie en ſorte que quoiqu'ils n'en
,, connoiſſent que la moindre partie, par-
,, ce qu'ils ſont hommes, ils la connoiſſent
,, néanmoins avec certitude, parce qu'ils
,, ſont *Riſtkéſuſiens*. Car ce n'eſt pas la
,, pénétration d'eſprit, ni la profondeur
,, des connoiſſances, mais la ſimplicité,
,, qui met le Peuple en ſurêté.

Voilà ce qui s'appelle parler en Pair
du Roïaume de *Riſtkeſuſi*. Ce trait de
déclamation raiſonnée vaut à mon gré
tout le reſte des Ouvrages de *Zinakutu.*
Pourquoi les *Zézaninites*, qui ſe vantent
d'être ſes Diſciples ne citent-ils point à
leurs Perſécuteurs ce paſſage foudroïant?
Voici le ſecond, qui eſt encore plus
fort, à ce qu'il me ſemble.

,, Ce ſont des Barbares, dit-il, qui
,, n'ont aucune teinture de la politeſſe
,, *Emoraine*, & qui ignorent même ce
,, qu'il y a de plus commun parmi les
,, autres hommes; qui ne ſçavent que
,, ce que leurs Docteurs leur ont appris,
,, &

„ & qui ne fuivent que ce qu'ils leur
„ ont ouï dire. Des ignorans comme
„ eux fe trouvent dans la néceffité d'ap-
„ prendre les Loix de *Riſtkeſuſi* plutôt
„ par les enfeignemens qu'on leur don-
„ ne, que par les Livres qu'ils lifent.
„ La tradition de leurs maîtres & la
„ doctrine recue font donc l'unique re-
„ gle qu'ils fuivent, parce qu'ils ne fça-
„ vent que ce qu'on leur a enfeigné.
„ Ils font donc Errans; mais ils l'igno-
„ rent; ils le font felon nous; mais ils
„ ne le croient pas, & fe tiennent au
„ contraire pour fi bons *Riſtkéſuſiens*,
„ qu'ils nous traitent d'Errans, jugeant
„ de nous de même que nous faifons
„ d'eux. Nous avons la vérité de no-
„ tre côté, & ils prétendent qu'elle eft
„ du leur. Nous rendons à *Riſtkeſuſi*
„ un honneur légitime ; & ils préten-
„ dent que ce qu'ils croient eft plus pro-
„ pre à honorer la Divinité. Ils man-
„ quent à leur devoir; mais c'eft lorf-
„ qu'ils s'imaginent de l'accomplir par-
„ faitement, & ils font confifter la vé-

„ ritable Piété dans ce que nous appel-
„ lons impie. Ils font donc dans l'éga-
„ rement; mais c'eft de bonne foi; &
„ tant s'en faut que ce foit un effet de
„ leur haine, que c'eft une marque de
„ l'amour qu'ils ont pour Dieu, puis-
„ qu'ils prétendent de témoigner mieux
„ par-là le refpect qu'ils ont pour le Sei-
„ neur, & leur zéle pour fa gloire. De
„ favoir comment ils feront punis au
„ dernier jour, c'eft ce qui appartient
„ uniquement au juge de l'univers. Ce-
„ pendant je crois que Dieu éxerce fa
„ patience envers eux, parce qu'il voit
„ que leur cœur eft plus droit que leur
„ créance, & que, s'ils fe trompent, c'eft
„ un mouvement de piété, qui les jette
„ dans l'erreur. Pérfécuterions-nous des
„ gens que Dieu tolere?

Si le fameux *Eliab* eut eu connoiffance de ce beau paffage, il fe feroit certainement reconcilié avec *Zinakutu*. Comment cet illuftre Seigneur put-il oublier
dans la fuite des principes fi fenfés? C'eft
une tache à fa gloire, que de les avoir
com.

combattus. C'étoit prendre à partie la vérité même. Mais il a débité bien d'autres Paradoxes insoutenables. N'a-t-il pas dit que les biens de la terre n'appartiennent qu'aux bons, & que les méchans les possédent par usurpation? Principe détestable, qui tend à détruire les fondemens les plus solides de la société civile?

Les Disciples d'*Alloyo* sont les plus grands ennemis de la Tolérance. Ils suivent exactement l'ordre que leur donna leur Maitre, en leur disant, *allez par tout le monde, allumez, & embrazez tout.* Ils ne se lassent point de leur barbarie. Enrichis des dépouilles des *Kanviliens*, ils cherchent de nouveaux Thrésors dans le sein de l'indigence. Altérés de leur sang, ils voudroient le répandre encore, & renouveller ces sanglantes tragédies, qui font la honte de la *Kofiranie*. Tout leur fait ombrage. Les Disciples de *Zinakutu* ont senti la pesanteur de leurs coups, & gémissent encore dans l'oppression. La Politique de cette société embrasse

E 3 tout

tout l'Univers. Un feul en fait jouer tous les refforts. L'Intolérance eft une des principales roues de cette immenfe machine. Malgré tout cela, ils ofent fe dire de la Compagnie du pacifique *Riſtkeſuſi*. N'eſt-ce pas fe jouer effrontément de toute la terre?

L'Intolérance d'*Emor* nuit extrêmement à la vérité. Les *Kanviliens* imaginent, qu'elle n'a recours aux tortures, que parce qu'elle manque de preuves folides. Peuvent-ils penfer autrement, quand ils voient qu'elle appelle au fecours de fon Eloquence le glaive du Magiſtrat? N'ont-ils pas lieu de fe méfier d'un zele, qui mettant en ufage le fer & le feu découvre qu'elle affecte plutôt la domination que toute autre chofe? On ne pourra jamais perfuader à des hommes raifonnables, qu'on traite fraternellement ceux qu'on brûle par provifion, & dont on regarde le fupplice d'un œil fec & d'un air content. On ne les convaincra jamais qu'on a de bonnes raifons à leur donner, quand ils ver

ront qu'on les fait inftruire par des Dragons & par des Bourreaux. Si *Emor* n'é-
claire pas leur entendement par fon propre éclat, la force extérieure ne lui fert
de rien. L'erreur ne domine que par
les fecours étrangers, qu'elle emprunte.
La vérité ne doit avoir obligation qu'à
elle-même de l'obéïffance qu'on lui rend.

Telle a été l'opinion de prefque tous
les Pairs d'*Emor*, que nos Jurifconfultes
font gloire de copier. Il eft bien humi-
liant pour l'homme d'être obligé pour
fixer les irréfolutions de fon efprit chan-
celant, de recourir aux décifions d'autrui; & de mettre l'autorité fouvent à
la place & toujours à côté de la raifon.
Mais c'eft un mal fans remede. Ne fom-
mes-nous faits, que pour être efclaves
de l'opinion? Et les principes de la Tolérance *Riftkéfufique* ne font-ils pas affez
clairs?

Paffons à la Tolérance Civile.

SECONDE PARTIE.

TOLÉRANCE
CIVILE.

CHAPITRE I.

Le Magiſtrat n'a aucuns droits ſur la Conſcience.

L'Etat eſt une ſociété d'hommes établie uniquement pour ſe procurer les uns aux autres la conſervation & l'avancement des intérêts civils. Suivant ce ſyſtême, le Prince eſt dans l'obligation la plus étroite d'aſſurer à tous ſes Sujets par des Loix équitables la poſſeſſion paiſible de tout ce qui leur appartient. Le pouvoir du Prince ne ſauroit avoir d'autre étendue, & finit où les droits de la Conſcience commencent. Je le prouve.

1°. *Riſt-*

1º. *Riſtkeſuſi* n'a point confié au Magiſtrat Civil le ſoin des Ames. Le Peuple ne l'en a point chargé, &, qui plus eſt, ne ſçauroit l'en avoir chargé, parce que la Conſcience ne peut abſolument dépendre que de Dieu, ſur les droits duquel il auroit empiété. On ne ſauroit voir par les yeux d'autrui; on ne ſauroit croire ſur ſon autorité. D'ailleurs quand même les hommes auroient pu légitimement charger un autre de la direction de leurs Conſciences, auroient-ils eu le même pouvoir ſur la Conſcience de leurs enfans, laquelle ne leur appartenoit pas; & ſans ce pouvoir primitif, où ſont les fondemens de l'autorité coactive?

2º. La puiſſance du Magiſtrat eſt bornée néceſſairement à la force extérieure; or la Loi de *Riſtkeſuſi*, conſiſte, comme je l'ai déjà dit ſouvent, dans la perſuaſion intérieure de l'eſprit; donc on ne peut ſans une injuſtice criante attribuer au Prince le droit de punir les Errans; donc le Prince qui s'attribue ce droit eſt, à cet égard, un inſigne uſur-

E 5 pateur;

pateur ; donc le Peuple peut à juste titre désobéïr aux ordres iniques , qui émanent de cette usurpation.

3°. Quelle est la Magistrature, quelle est la Souveraineté, qui dépouille le Magistrat des devoirs de l'humanité & des obligations du *Ristkésusisme*. Sans les peines les Loix sont sans vigueur ; le Magistrat a donc le glaive en main pour punir les Criminels ; mais qui le lui a donné pour sévir contre les Innocens ? Et quoi de plus innocent que l'erreur ? Qui lui a permis de faire des Loix dont l'observation est impossib'e, & dont l'infraction est nécessaire, de l'aveu même des Persécuteurs ? Qui lui a permis d'établir des peines & inutiles & injustes ; inutiles, puisqu'elles ne sauroient produire les effets auxquels elles sont destinées ; injustes, parce que la Conscience n'est nullement de son ressort ?

Les Fauteurs de la Persécution doivent prouver qu'un Prince a le droit & le pouvoir de plier l'esprit de ses Sujets à telle & telle opinion. Jusqu'à ce qu'ils nous aïent

aïent donné cette preuve, nous pouvons poſer pour principe, que la raiſon ſeule, éclairée ou errante, a ſur la Conſcience un Empire abſolu.

Que diroit-on d'un Prince, qui ordonneroit à un certain nombre de Nains de devenir en deux mois des Géants? On diroit ſans doute qu'il eſt fou, qu'il eſt un Tyran? Fort bien. Mettez à la place d'un Prince, *Zéokuarotizul*, au lieu des Nains les *Kanviliens*, au lieu de Géants les *Emorains*; & vous ſaurez au juſte ce que vous devez penſer de l'Intolérance civile. Ma comparaiſon ne cloche en aucun point.

Un Roi faiſoit par le moïen d'un Tour allonger les membres de ceux qui étoient plus petits que lui, & rogner les jambes de ceux dont la taille étoit plus grande que la ſienne. Certainement, il y a autant de différence dans les ſentimens que dans la taille & dans les opinions, que dans les tempéramens. Les mêmes objets ſont conçus de mille manieres différentes par mille hommes différens. La variété des idées eſt

infi-

infinie. Les Perfécuteurs mêmes, qui font
fonner fi haut l'unité, n'ont certainement pas les mêmes idées fur le fens des
Loix d'*Emor*, qui ne font pourtant, à
ce qu'on nous dit que l'explication de
celles de *Riftkefufi*. Trouveroient - ils
bon, je le leur demande, qu'on les pen-
dît pour cela? Ils allégueroient d'abord
la foiblefle de l'efprit humain, qui fe
partage naturellement en opinions diver-
fes. Voilà précifément ce qu'on leur a
dit cent fois pour modérer leur acharne-
ment contre les *Kanviliens*. Il n'eft pas
plus poffible au plus puiffant Roi du
Monde de réduire tous les hommes aux
mêmes penfées touchant l'erreur & la
vérité, qu'il l'eft de les rendre tous de
la même complexion. Mais l'impoffible
eft-il permis?

Mais, dira-t-on, le Prince n'eft-il pas
obligé de punir le vice? Ouï; c'eft-là un
de fes principaux devoirs : mais s'enfuit-
il, qu'il doive punir les Errans qui ne
font pas vicieux? Et puis, il n'eft obligé de faire fleurir la vertu, qu'autant
que

que la vertu eſt néceſſaire à faire fleurir
l'Etat, & la punition du crime néceſſaire à maintenir les Loix & à conſerver le
repos de la ſociété. Il doit veiller à l'obſervation des Loix non par un principe
de zele, mais par un principe d'équité
politique. Après cela, qui pourra con-
cevoir, qui oſera ſoûtenir, que ſa Ju-
riſdiction s'étend ſur la croïance ?

Les Perſécuteurs ont coutume de mettre de la partie la Conſcience des Princes, en leur faiſant enviſager les Perſé-
cutions comme des œuvres méritoires,
& les Errans comme des Peſtiférés qui
empoiſonnent l'air qu'ils reſpirent. On
avoit ſi bien ſçu perſuader à *Zeokuaroti-*
zul ce ſentiment, qu'il eut la foibleſſe de
dire un jour: ſi *pour opérer le changement*
de mes Sujets Kanviliens, *il falloit qu'une*
de mes mains coupât l'autre, je le ferois
dès le moment même ſans répugnance. Mais
ces maximes intéreſſées peuvent-elles
entrer en balance avec les droits inaliénables de la Conſcience ? Si l'on vouloit
être de bonne-foi, on conviendroit que
non.

non. Toujours est-il constant, que son indépendance se soutiendra inébranlablement au milieu de toutes les Persécutions, & de tous les moïens illicites que le pouvoir arbitraire pourra mettre en usage pour la subjuguer, ou pour la réduire à capituler.

C'est quelque chose d'étrange, que l'ambition des Princes. Peu contens de la primauté, ils ont voulu donner des Loix; on le leur a sottement permis. Ils ont exigé, que leurs peuples sacrifiâssent leurs vies à leur ressentiment, à leurs passions, & que des querelles particulieres devînssent des querelles publiques. On a bravé la mort pour eux. Ils ont usurpé la proprié-té des terres; on la leur a cédée de bon-ne grace. La Conscience seule restoit libre; ils ont voulu la rendre esclave; ils y ont réussi presque par-tout, au moins en apparence. L'équité ne peut-elle pas réclamer ses droits violés?

CHA-

CHAPITRE II.

Réponse à l'objection tirée de l'Unité des opinions.

AVant que d'aller plus loin, réfutons une objection éblouïssante. Il est, dit-on, de l'intérêt de l'Etat, que les esprits soient unis par les liens d'une même créance; je l'accorde pour un moment; s'enfuit-il de-là qu'il est permis de persécuter les membres de l'Etat, qui se font déjà écartés du chemin battu? Nullement. Et cette objection ne prouve rien contre les *Kanviliens*. Je pourrois donc me dispenser de la combattre; mais il est bon de forcer l'Intolérance jusque dans ses retranchemens.

Ceux qui supposent que tout un Peuple peut demeurer du même sentiment sur l'erreur & la vérité, supposent une chose, qui n'est jamais arrivée que parmi des Peuples barbares. Tous les Peuples, qui ont quelques lumieres, & qui raisonnent

le

le moins du monde se divisent facilement en divers partis, qui tirent leur nom des diverses opinions, comme il paroit par l'Histoire Ancienne & Moderne. Les barbares Chrétiens eux-mêmes sont partagés en différentes Sectes. Mais de tous les Peuples du monde, il n'en est point qui soit plus enclin à la division que le *Kofiran*. Le Code de *Ristkésus* semble ne lui être donné que comme une pomme de Discorde. Il faut qu'il dispute ou qu'il ferraille; & dans le fonds, il n'y a pas grand mal. L'ignorance des Chrétiens, par exemple, quoiqu'elle entretienne en certains Païs l'union, nuit beaucoup plus à la société Civile, que toutes les divisions *Ristkésusiennes*. Pour bannir d'un Roïaume la diversité de créance, il faut en bannir auparavant le savoir; & comptez que les Sciences ne vont jamais en éxil qu'en bonne compagnie.

Cela étant ainsi, il s'agit de savoir, si un sentiment, quel qu'il soit, étant une fois introduit dans un Païs, de quelque ma-

maniere qu'il y foit entré, il eft de l'intérêt politique de l'Etat de ne fouffrir
qu'aucun y demeure, qui ne fuive ce fentiment, ou qui ne s'y conforme au moins
extérieurement. Voila, fi je ne me
trompe, l'état de la queftion. Si on
prend l'affirmative, il s'enfuivra, 1°. que
toutes les études concernant la vérité fe
réduiront à apprendre par cœur le fentiment établi dans le lieu où l'on eft né,
fans ofer l'examiner, ni le faire paffer
au creufet du raifonnement; 2°. que fi
quelqu'un vient à découvrir dans le fai-
fceau des opinions reçues un défaut qui
foit dangereux à la fociété civile, comme eft, par exemple l'Intolérance, & ce
Tribunal établi parmi nous & foutenu
par *Emot* pour condamner l'innocence,
s'il s'avife de travailler à le réformer, à
y remédier, il fera banni avec tous ceux
qui oferont y toucher, quoique d'ailleurs
bons citoïens, utiles & fideles Sujets;
3°. que fi la pefte, la guerre, ou quelqu'autre fleau du Ciel avoit dépeuplé le
Païs, il faudroit le laiffer défert, plutôt

F que

que d'accorder à ceux qui le voudroient
peupler des affemblées libres, vû qu'ils
feroient dans des opinions contraires aux
idées regnantes; 4°. que s'il s'éleve des
difputes, en forte qu'une partie du Peuple fuive un fentiment & l'autre un autre, le bien du Païs demande, que les
plus forts chaffent les plus foibles, en
quelque nombre & quelque confidéra-
tion qu'ils foient; 5°. que fi quelque homme de bien vient à tomber dans quelque
fentiment qui paroiffe particulier, il fau-
dra le facrifier à la pluralité des fuffra-
ges des Dervis ordinairement paffion-
nés; 6₀. que l'Etat eft perdu fi l'on ne
donne aux *Kuéves* une autorité abfolue
de décider non-feulement de tous les fentimens, mais encore de juger, fi quelqu'un doit être retenu ou chaffé. S'il
nous faut abfolument des Tyrans, aïons-
en d'une autre efpece. Ceux qui fça-
vent un peu d'hiftoire, verront que ce
ne font pas là des conféquences imaginaires; mais que l'expérience à fait voir
mille fois, que les Principes des Intolé-

tans

rans les produifent infailliblement.

La Tolérance prévient ces inconvé-niens. Mais, dit-on, la diverfité des opinions caufe ordinairement du trouble dans les Etats, en donnant occafion aux efprits remuans & factieux de brouiller les Cartes fous prétexte de piété.

Mais 1°. un abus ne doit point faire rejetter un Principe. Tout le monde convient qu'il n'eft point de fi bonnes Loix dont on ne puiffe abufer. Un fen-timent ne doit être rejetté, que quand l'abus en eft abfolument inféparable. 2°. Il n'eft point vrai que les brouilleries foient un effet de la Tolérance. Au contraire, elles ne font fondées que fur l'opinion pernicieufe que les plus forts ont droit de maltraiter les plus foibles. Parmi les Païens nulles guerres civiles à ce fujet. Pourquoi? Parce qu'ils étoient tolérans. Les Philofophes différoient d'opinions; le Magiftrat leur permettoit de difputer tant qu'ils vouloient; & la Tolérance étoit la Mere de la Paix. Quand on eft perfuadé dans tout un Païs,

que

que l'humanité prescrit un support mutuel, tout le monde vit en paix, comme en *Handello* ; mais quand on croit qu'il ne faut souffrir que ses propres sentimens, on excite des séditions & des guerres ; vérité, que nous devrions avoir apprise à nos dépens. Il nous en a couté assez de sang pour ne pas l'oublier.

Je conclus de-là, que ceux qui veulent conserver la paix des Etats, ne pouvant empêcher la diversité des sentimens sans les ruïner, doivent s'appliquer en bonne politique à faire apprendre aux Peuples à se supporter mutuellement, ce qui n'est pas impossible, comme il paroit par l'exemple de *Handello*, que je ne me lasserai point de citer. Toute l'habileté consiste à empêcher qu'un parti n'accable l'autre. La multiplicité des Opinions ne nuit pas plus à un Etat, que la multiplicité des Boutiques nuit à une ville. Mais la chose change, si le plus fort se prête aux sollicitations des Persécuteurs. La balance perd alors l'équilibre. Tout retombe

tombe dans la confufion. Que la Tolérance reparoiffe, le défordre difparoit.

J'ai, ce me femble, montré la foi-
bleffe de cette objection, dont nos Po-
litiques Intolérans font leur fort. C'eft
fur ce ridicule fophifme, que les *Kanviliens* ont été perfécutés. N'eft-ce pas
une chofe déplorable, que le fort de plü-
fieurs millions d'hommes foient entre les
mains, dépendent du caprice de deux
ou trois Confeillers, qui, éblouïs par de
faux raifonnemens, font incapables d'en-
vifager un objet de toutes fes faces, qui
fouvent n'entendent rien à leurs propres
affaires, & qui ordinairement ne voïent
que par les yeux de leurs Secretaires &
des Bigots.

CHAPITRE III.

La Tolérance est nécessaire à la Kofiranie.

LA Tolérance est non-seulement juste, mais encore nécessaire ; sans
elle, un Etat ne sera jamais florissant.
Qu'on compare *Handello* à l'*Azepenk*. La
premiere est un petit Païs, disgracié de
la Nature ; & que, comme l'a dit quelqu'un, le Dieu de la Nature semble sou-
tenir par miracle. Cependant ce Païs
est extrêmement peuplé. Ses Villes sont
membreuses & riantes, ses ressources
inépuisables, son commerce très éten-
dû, son gouvernement parfait, à quelque petit dérangement près qu'il vient
d'essuier. L'autre est d'une étenduë im-
mense, placé sous le plus beau ciel du
monde. La Nature semble s'être épui-
sée pour l'embellir ; cependant il est
presque désert. Le peu d'Habitans qui
s'y

s'y trouvent font pauvres, mal nourris, mal vêtus. Son Prince ne peut pas mettre fur pié au de-là de 80 mille hommes; encore ne fauroit-il les païer. D'où vient cette difproportion étonnante ? Cherchez-en la principale caufe dans la fage Tolérance de la *Handello*, & dans l'Intolérance de l'*Azepenk*. Vous ne la trouverez point ailleurs.

Que ma Patrie feroit puiffante, fi elle n'étoit pas perfécutrice! Combien de Citoïens n'avons-nous pas perdu par notre Intolérance ! Plus d'un million & demi eft allé chercher un azile dans les Païs Etrangers. Quelle perte! Ce n'eft pas tout. Les fugitifs ont emporté avec eux les principales fources des revenus de l'Etat. L'Or & l'Argent font extrêmement rares dans quelques Provinces, parce que les *Kanviliens* ne fortirent qu'avec leurs Tréfors. Des Villes confidérables autrefois par leurs Fabriques font aujourd'hui réduites à quelques métiers. L'induftrie, qu'on ne pouvoit ravir aux Perfécutés, qu'avec la vie, a naturalifé

F 4 dans

dans l'Etranger les Manufactures. Par-
là les beaux établiſſemens de *Bertkol* ſont
tombés. Notre commerce a reçu un
grand échec; nos voiſins & nos ennemis ſe ſont enrichis & s'enrichiſent tous
les jours à nos dépens. Les *Kanviliens*
Kofirans diſperſés par toute la terre,
ont trouvé par-tout des aziles, qui ont
profité de notre Intolérance. Les Princes qui ont le plus étendu leurs Priviléges, qui leur ont fait le meilleur accueil,
s'en ſont le mieux trouvé. Le Roi de
Zerpus pourroit-il mettre ſur pié 140 mille hommes, bien entretenus, bien païés,
ſi ſes Péres n'avoient accordé une géné-
reuſe protection aux malheureux *Kanvi-*
liens? L'*England* n'a-t-elle pas acquis par
ce moïen plus de deux-cent mille nouveaux Habitans, la *Handello* preſqu'autant qu'elle pouvoit en recevoir? Et
tout le monde convient que la richeſſe
& la force d'un Etat conſiſte dans le nombre des habitans. La *Kofiranie* a donc
fait une perte, dont elle ſe reſſentira long-
tems. La Révocation du *Tſandenidt* eſt
le

le coup de Politique le plus mal entendu qu'on puisse imaginer. S'il subsistoit encore, nous aurions pu continuer encore la guerre pendant 6. ans, sans préjudicier à la culture des Terres.

Que la Tolérance revive en *Kosiranie*, ou plutôt qu'elle commence à y naître, bon Dieu! quel heureux Païs! La douceur du climat, la salubrité de l'air, la sociabilité, la politesse, le caractere des Habitans naturels, sa situation extrêmement avantageuse au Commerce, le goût des Arts, y attireroient un nombre infini d'Etrangers. Dans peu, le Peuple *Kosiran* deviendroit le Peuple Roi, & la *Kosiranie* la Patrie du Genre - humain. Mais hélas! C'est un coup d'état, qu'il faut plus souhaiter qu'espérer.

Le Roïaume, dit l'*Ebba le Klaub*, manque d'Habitans. Il pourroit en avoir trois fois plus qu'il n'en a. Je le crois sans peine; mais si cela est, il nous manque trois degrés de force & de grandeur que nous pourrions aisément acquérir. Notre Roi pourroit, sans coup férir, parvenir

venir

venir à la Monarchie Univerſelle.

Ajoutez à cela, qu'il y a dans un Roïaume peuplé d'*Emorains* un principe de
Dépopulation, qui le mine peu à peu.
Les milliers d'Eunuques qu'*Emor* ſacrifié
toutes les années à la Continence ſont
autant de Sujets perdus pour l'Etat. Les
Priſons des Dervis ſont autant de gouf-
fres où ſe précipitent ſans retour des
Générations ſans nombre. A la longue,
la *Kofiranie* deviendra un corps *Ethique*,
ſemblable à l'*Azepenk*, que ſes priſons
ont beaucoup dégarni. Le Sénateur *Ze-
natiskieoum* a prédit que la domination
d'*Emor* ne dureroit pas au de-là de 8oo
ans, ſi elle continuoit à faire des Eunuques. Cette conjeĉture eſt très vraiſem-
blable; & c'en eſt fait de la *Kofiranie*, ſi
le Conſeil du Roi prend des meſures violentes contre les *Kanviliens*.

Un Roïaume qui eſt tout entier ſoumis à l'Empire d'*Emor* peut être compare * à un concert ennuïeux par l'unifor-
mité

* Ce Traité étoit farci de comparaiſons. Je
n'ai

mité des voix ; un Roïaume qui reçoit dans son sein toutes les opinions, à un concert agréable par la variété & l'harmonie des voix, des tons & des instrumens.

„ On remarque, dit le Sénateur que
„ j'ai déjà cité, que ceux qui vivent dans
„ des opinions tolérées sont d'ordinaire
„ plus utiles à leur Patrie que ceux qui
„ vivent dans les opinions dominantes.
„ Eloignés des honneurs, ils s'adon-
„ nent au Commerce & se distinguent
„ par leurs richesses. D'ailleurs, ajou-
„ te-t-il, un sentiment nouveau, intro-
„ dnit dans un Etat, corrige à coup sûr
„ tous les abus de l'ancien. Les opi-
„ nions sont des rivales, qui ne se par-
„ donnent rien." Je me flatte, que ce savant homme appuïera mon Hypothèse dans son ouvrage sur la Politique, auquel il travaille depuis seize ans, & qui doit, dit-on, voir bien-tôt le jour. Les

Sça-

n'ai retenu que celle-ci à cause de sa beauté & de sa justesse. L'Ouvrage en est devenu plus court d'un tiers.

Sçavans doivent s'intéreſſer au rétabliſſement du *Tſandenidt*, attendu que la révocation a preſque banni de la *Koſiranie*
le Savoir. Les Académies *Kanviliennes*
produiſoient des hommes d'une profon-
de érudition; en outre, elles entre-
tenoient l'émulation. Depuis leur ſup-
preſſion, les Sciences ſont fort tombées,
les Humanités y ont beaucoup perdu.
Riſpa, fourmille de beaux eſprits; mais
les Savans y ſont d'une rareté extrême.
D'ailleurs la perfection des Sciences eſt
incompatible avec l'eſclavage.

On me demandera peut-être juſqu'où
doit aller la Tolérance Civile? Voici ma
réponſe. 1°. On ne doit rien ſouffrir, qui
ſoit contraire à la ſociété, au bien du
Gouvernement, aux bonnes mœurs. Des
gens qui permettroient le larcin, l'adultè-
re, la rebellion, détruiroient la ſociété.
2°. L'Athéïſme doit être exclu parce
qu'il renverſe toute diſtinction entre le
vice & la vertu, de ſorte que tout eſt
permis, pourvu qu'on ait l'adreſſe d'é-
viter les peines portées par les Loix,

3°. Il

3o. Il faut rendre la Tolérance conftante, réglée, perpétuelle, & l'égaler aux
Loix fondamentales de l'Etat; 4o. préf-
crire aux Dervis de l'annoncer au Peuple, comme un devoir capital, & punir
fans quartier les Perfécuteurs. Qu'on
faffe l'effai de cette méthode; fur ma parole, on s'en trouvera bien.

CHAPITRE IV.

*Dangereux principes & effets de
l'Intolérance.*

LE Roi doit profcrire l'Intolérance,
parce que fes principes tendent à
le déthrôner. Il n'y va pas moins que
de fa Couronne. Les maximes des Perfécuteurs font directement contraires au
pouvoir des Magiftrats. Que veulent
dire ceux qui enfeignent qu'on ne doit
point garder la foi aux errans, que des
Traités faits par néceffité peuvent être
violés

violés par politique? Quel est leur but,
quand ils soutiennent qu'*Emor* a le
droit d'absoudre les Sujets du serment de
fidélité, de disposer des Sceptres, que
le pouvoir civil n'est qu'une pure émanation du pouvoir d'*Emor*? Quel est leur
but, quand ils cherchent à brouiller par-
tout les cartes, quand ils assassinent nos
Rois, quand ils les excluent du Thrône sous prétexte de *Kauvilianisme*? Ah!,
s'ils avoient jamais en main l'autorité lé-
gislative, les Magistrats, qui favorisent
le plus leur Intolérance, ne seroient guè-
res tolérés.

C'est ici la cause commune de tous les
hommes. Les uns & les autres peuvent-
ils se promettre un état certain, si les
maximes des Persécuteurs sont reçuës?
Qui pourra se mettre à l'abri de la fou-
dre? Si la cassation du *Tsandenidt* est légitime, l'infraction ouverte de la Paix
perpétuelle d'*Uzbornak* touchant la liberté de conscience ne le sera-t-elle pas?
Si *Kratenhuiri* n'avoit aucun droit sur le
Thrône à cause de ses opinions, qui per-

suadera

suadera aux *Kanviliens* que *Zéokinizul* est leur Roi légitime? Si *Emor* peut déposer à son gré les Souverains, quel Souverain sera sûr de sa Couronne? En un mot, plus de bonne foi dans l'Asie, si les principes abominables de l'Intolérance ne sont pas proscrits. Je m'explique.

Si notre Prince a le droit de persécuter les *Kanviliens*, les Princes *Kanviliens* ont aussi le droit de persécuter les *Emorains*; car la conscience qui est dans l'erreur, aïant les mêmes droits que celle qui est dans la vérité, il s'ensuit que le Magistrat qui suit *Legenu* peut & doit, vu la parité de pouvoir, procurer à l'erreur les mêmes appuis que nous procurons à la vérité, & ne sauroit épargner sans crime *Emor*; qu'il regarde comme une Usurpatrice; donc les principes des Persécuteurs autorisent les persécutions suscitées à la bonne cause.

Le monde deviendroit bien-tôt le Théâtre d'une fureur réciproque. L'*Emorain* prendroit, dragonneroit, bruleroit, rouëroit les *Kanviliens*, selon sa louable

louable coutume ; mais à son tour le *Kanvilien* useroit violemment de représailles contre les *Emorains*. Vous n'avez pas droit, lui diroient ceux-ci, de nous contraindre. Quoi ? Lui répondroit le *Kanvilien*, je ne dois pas suivre les mouvemens de ma conscience ? Puisqu'elle me dit que je suis un véritable disciple de *Ristkesusi*, ne m'ordonne-t-elle pas par cela même de vous rendre tels par la violence ? Pourquoi n'aurois-je pas le même pouvoir que vous avez ? Mais que dis-je ? Je suis bien bon de vous répondre. Qu'on me les réduise vite en cendres. A cela que pourions-nous répliquer ? Pas un mot de sens commun, comme l'a démontré le célèbre *Eliab* d'une maniere invincible & fort étenduë. Vraiment ! nous aurions une grande obligation à *Ristkesusi*, si pour se conformer à ses Loix, il falloit être dans des guerres Civiles continuelles, qui anéantiroient bien-tôt la société. Si les *Emorains* ont droit en *Kofiranie* de persécuter les *Kanviliens* , pourquoi les

Kan-

Kanviliens n'auroient-ils pas droit en *England* où ils font les maîtres de perſécuter les *Emorains* ? Par pitié pour ceux-ci, tolérons ceux-là. Il eſt à craindre qu'ils ne ſoient un jour tentés de prendre leur revanche.

Ce n'eſt pas tout. S'il eſt permis au Souverain de forcer ſes Sujets à ſe ſou-mettre à *Emor*, il eſt par cela-même permis aux Sujets *Kanviliens* de forcer le Souverain par les mêmes voïes de ſe ſoumettre à *Riſtkeſuſi*, qu'ils croïent ſeuls reconnoître pour leur Prince. Si la violence eſt légitime de la part des Rois à l'égard des Peuples, elle l'eſt ſans contredit auſſi de la part des Peuples à l'égard des Rois, dont l'exemple contagieux eſt ſi propre à corrompre. *Kratenbueri* auroit bien ſenti par un retour ſur lui-même toute la force de ce raiſonnement.

Ajoutons à cela qu'aucun Roi Chrétien ne voudra jamais recevoir dans ſes Etats les *Riſtkeſuſiens*, dès-qu'il ſaura, qu'ils s'imaginent qu'il leur eſt permis,

G

lorsqu'ils ont la force en main, de le déthrôner. Il craindroit avec raison les entreprises des Persécuteurs; il trembleroit des perils & des maux inséparables d'une guerre civile. Ils nous regarderoient comme des bêtes farouches. Ils veulent, diroit-il, s'introduire en Renards pour regner en Lions. Loin de nous accorder Liberté de conscience, il ne nous permettroit pas même de commercer avec ses Sujets. Et pourrions-nous nous en plaindre avec quelque fondement? Non; jusqu'à ce que nous eussions abjuré notre Intolérance, qui tend visiblement à l'extinction des devoirs réciproques de l'humanité, & à l'anéantissement de toute Société civile.

Les affreuses Conséquences que j'ai tirées ne sont pas des Etres de raison. L'Histoire moderne nous fournit abondamment des preuves de leur réalité. La *Kofiranie* doit tous ses malheurs à l'Intolérance. Ses Armes la rendent redoutable, & ses Persécutions, odieuse à toute l'Asie. On craint partout de tomber sous

notre

notre domination ; on frémit à cette
feule idée, parce qu'on fait que nous ne
faifons point de quartier aux Errans. Les
Princes *Kanviliens*, aujourd'hui plus puis-
fans que ne le font les Princes *Emorains*,
fe ligueront peut-être un jour pour détruire les Perfécuteurs.   Que fait-on ?
Au moins eft-il fûr, qu'ils ont autant de
droit à perfécuter les *Emorains*, que nous
en avons à perfécuter les *Kanviliens*. La
Modération, qui les caractérife, & que
nous ne fommes point tentés d'imiter
pourra bien enfin fe laffer.

Mais paffons à quelque chofe de plus
particulier.

CHAPITRE V.

Le Tfandenidt.

LA Sureté commune étant le but de
toute Société, *Kratenhueri* étoit abfolument obligé de pourvoir à celle de
fes

ſes Sujets *Kanviliens*, par des Loix qu'on ne pût éluder. C'eſt ce qu'il fit par le *Tſandenidt* que nous allons éxaminer.

La premiére queſtion, qui ſe préſente, c'eſt, s'il étoit utile de le donner. Ne craignons point de prendre l'affirmative. Pour en convenir, il ne faut que réfléchir un moment ſur le grand nombre de maux, qui le rendoient néceſſaire, & qu'il a heureuſement réparés, ſur le grand nombre d'avantages, dont il a été la ſource, ſur le peu d'effets, que ſa Révocation a produit. Comparez ce qu'étoit la *Kofiranie*, avant que cet Edit eût poſé le plus ſolide fondement de la Paix, avec ce qu'elle devint en peu d'années, après le rétabliſſement de la tranquillité publique. D'un côté vous vérrez les membres d'un même corps, armés pour s'entredétruire, un Etat emploïer ſes propres forces à ſe conſumer ; la fureur rompre les liens les plus ſacrés de la Société & de la Nature, le Roïaume ſur le penchant de ſa ruine. De l'autre, vous verrez l'abondance

dance & la profpérité rentrer en 24. heures dans les familles fur les aîles de la Concorde, l'ordre fe remettre dans les affaires, le Roi mettre fur un bon piéd fes Finances, reprendre fon autorité fur les Peuples, les étrangers recommencer à regarder l'Etat renaiffant avec refpect ou avec terreur, la Cruauté dévote disparoître.

Le *Tfandenidt* n'étoit pas moins jufte, qu'il étoit utile. N'eft-il pas équitable de n'être pas cruel ; ou fi quelquefois on l'a été par préjugé, par zéle aveugle, par paffion, n'eft-il pas jufte de ne l'être pas toujours ? Il y avoit longtems, qu'on avoit renoncé à l'humanité & à la juftice, & que les *Kanviliens* ne trouvoient plus en nous ni clémence ni fincérité. Depuis cinquante ans les Supplices étoient les argumens qu'on emploïoit pour les convaincre : depuis plus de 35. on leur faifoit une guerre fans quartier ; & on ne leur donnoit la paix que pour les exterminer plus fûrement. Il étoit donc jufte, qu'on fe las-

fât

fât de ces cruautés, & qu'on permît aux Consciences errantes de suivre leurs lumieres après avoir travaillé avec si peu de succès à les soumettre à celles d'autrui.

D'ailleurs les *Kanviliens*, qui n'avoient fait d'autre mal à l'Etat, que celui de se défendre contre d'injustes Oppresseurs avoient rendu au même Etat des services signalés, attestés par tous les actes du tems, avoüés de tous les Historiens équitables. Or le droit naturel attache la récompense au service. On ne sauroit disconvenir que la Couronne affermie sur la tête d'un de nos Rois, & posée sur la tête d'un autre ne méritât de la reconnoissance, & qu'il ne fût juste, que les *Kanviliens*, après avoir partagé les périls & les fatigues de la Guerre, partageassent aussi le repos & les plaisirs de la Paix. Or c'est là tout ce que le *Tsandenidt* faisoit pour eux.

Je dirai plus. S'il est juste, qu'on donne à de fidéles Sujets des récom-

pen-

penfes qui les diftinguent, à combien
plus forte raifon l'eft-il de leur accorder pour récompenfe ce qui ne fait que
les égaler aux autres? Or les Priviléges du *Tfandenidt* ne font une récompenfe que de ce dernier ordre. Il ne
donne rien aux *Kanviliens*, qui les dis-
tingue des autres en qualité de Sujets,
& qui puiffe marquer quelque préfé-
rence. Il ne leur accorde que la fûreté
de leurs perfonnes, de leurs biens &
de leurs vies, que la liberté de leurs
confciences, qu'une égale part dans la
protection des Loix, & dans l'adminis-
tration de la Juftice, que de participer
aux fecours mutuels de la Société pendant leur vie, & aux devoirs de la fé-
pulture après leur mort. Bien plus. La
plupart de ces Droits communs font
accordés aux *Kanviliens* avec de certaines limitations, qui font bien voir que
l'Empire & la Domination étoient de
notre côté, & qu'ils n'étoient que comme affociés à ces avantages par un
traité de Tolérance mutuelle. Les villes

de

de sûreté même font une preuve, que
'égalité n'étoit pas parfaite.   On ne
prend des sûretés que contre les plus
forts ou les plus suspects ; & qu'ils étoient
fondés à se méfier de notre bonne foi!

Il étoit donc de droit naturel, de leur
accorder ces graces, qui ne faisoient
que les égaler à leurs semblables. Ce n'é-
toit proprement leur rien donner. Ce
n'étoit que leur rendre ce qui étoit à
eux, que les maintenir dans les droits,
qu'ils acqueroient par leur naissance,
comme ceux qui respiroient un même
air avec eux, & qui obéissoient au même Prince.   Il n'est rien , qu'on puisse
appeller juste, si la conservation de ces
droits communs & en faveur des dé-
fenseurs de la Patrie, ne l'est pas.

Qu'on compare les *Kanviliens* vivants
sous le bénéfice des loix avec les *Kanviliens* privés de ce bénéfice. D'un côté
on les verra dans la même obéissance
que nous, décorés des mêmes charges,
subvenant aux mêmes besoins de l'Etat,
volant aux mêmes occasions de servir

leur

leur Monarque; mêmes obligations; mêmes intérêts; mêmes ennemis. De l'autre, on les verra maltraités en leurs perſonnes, ruinés en leurs biens, exclus des
emplois, forcés de quitter une Patrie où
on les tient priſonniers, dépoüillés de
tous les droits de la conſcience & de la
nature.

En vérité, on ne peut s'imaginer la
moindre idée de juſtice dans cette dis-
proprotion prodigieuſe. L'Equité peut-elle
ſouffrir, que cette partie de la Nation,
qui, pour ne rien dire de plus, a contri-
bué avec l'autre à conſerver l'Etat, ſoit
opprimée, détruite, pourſuivie à feu &
à ſang par l'autre, qui ſans elle n'auroit
pas été conſervée? Que diriez-vous d'un
Prince, qui aïant fait de grandes Conquêtes ordonneroit à la moitié de ſon
Armée victorieuſe de tailler l'autre en
piéces pour récompenſe? Vous ne trou-
veriez point d'Epithete aſſez forte. Vous
donnez pourtant le ſurnom de Grand à
Zéokuarotizul, qui a fait la même choſe.

Quelle

Quelle inique partialité ! Ma Patrie ne reviendra-t-elle jamais de ſes travers ?

Mais les Graces accordées aux *Kanviliens*, peut-être qu'il falloit les ôter à d'autres ! Point du tout. Le *Tſandenidt*, content de nous arracher des mains le glaive de l'Intolérance, ne nous ôtoit rien. Les droits de la Nature & de la naiſſance dans leſquels il les remettoit, ſont de ces biens qui ſe poſſédent par indivis, & dans leſquels les ava. ages de l'un ne font aucune bréche à la part de l'autre. La Liberté d'un homme, quelque illimitée qu'elle ſoit, ne reſerre point celle de ſon ſemblable dans de plus étroites bornes ; ils peuvent être l'un & l'autre également libres. En donnant à l'un le droit d'aſpirer aux dignités & aux récompenſes par le mérite, & les ſervices, on laiſſe à tous les autres la même porte ouverte, pour y monter par les mémes degrés. Un Pere ne perd rien de ſon autorité légitime ſur ſes enfans & ſur ſa famille, quoique tous les autres Peres jouiſſent de la même autorité. Notre

tre confcience n'eft pas moins libre, quoique celle d'un *Kanvilien* ne foit pas efclave. Mais d'ailleurs nous avons beaucoup gagné par le *Tfandenidt*. La pompe & la fplendeur doivent-elles être comptées pour rien ? au moins eft-il fûr, que cet éclat mondain eft un des principaux objets, que la politique d'*Emor* envifage: ainfi perfonne ne pouvoit s'en plaindre fans une injuftice criante.

CHAPITRE VI.

Irrévocabilité de l'Edit.

CEtte matiere a donné lieu à de bons livres, qui l'ont épuifée. J'écris trop tard pour rien dire de nouveau là-deffus. Cependant, vû notre perfévérance à nier l'injuftice de la perfécution des *Kanviliens*, il ne fera point hors de propos de détailler les raifons, qui prouvent l'Irrévocabilité du *Tfandenidt*. Au

moins

moins aurai-je montré à nos Freres, qu'il y a parmi nous des gens équitables.

L'utilité & la justice du *Tsandenidt*, que j'ai démontrées suffiroient pour prouver qu'il est irrévocable, quand même les mots d'Irrévocable & Perpétuel ne se trouveroient pas expressément dans l'Edit. Je sais bien, que pour rendre des Loix éternelles & inaltérables, il ne suffit pas de leur en donner le nom. Quelques fortes que soient les obligations munies du Serment, il en est qui portent en elles-mêmes un caractere de nullité, qui en rompt le lien. Il y a même des Loix, qui portent avec elles le titre de leur Révocabilité, quoique celui qui les publie, s'oblige en termes formels à ne les révoquer jamais; telles sont celles, qui engagent à l'injustice ou à la cruauté; tel est l'Edit par lequel *Zéokuarotizul* a révoqué le *Tsandenidt*, qui n'est dans le fonds qu'une promesse solemnelle de ne rendre jamais justice à une grande partie de ses Sujets. Qu'on appelle ces Actes irré-

irrévocables tant qu'on voudra, ils n'en font pas moins nuls.

Mais je foutiens, que dans les chofes juftes, ces termes donnent une nouvelle force aux Contrats. Perdroient-ils leur énergie en entrant dans un Edit? Voudroient-ils dire, qu'il ne fubfiftera que jufqu'au bon plaifir du plus fort? Changer les mots les plus exprès en illufions, dont on fe fert comme d'un hameçon pour amorcer ceux qui les prennent dans des idées naturelles, n'eft-ce pas rompre tous les liens de la Société civile, n'eft-ce pas renverfer tous les fondemens de la bonne-foi?

On pourroit dire, que quand le Prince publie une Loi, feulement parce qu'il le veut bien, ce qu'il accorde à fes Sujets ne dépendant que de lui, peut être limité à fa volonté; mais quand ces Loix ont été recherchées, pourfuivies, méritées, follicitées, obtenues après de longues & mûres confidérations, après des conférences & des négociations de plufieurs années, fi on les publie avec le titre

titre d'irrévocables, elles doivent l'être effectivement, parce qu'il eſt certain, que c'eſt ſous cette qualité qu'elles ont été demandées & accordées. Autrement, rien de ſolide dans les conceſſions des Souverains, rien de ſolide dans la condition des Sujets.

Mais ne nous arrêtons pas aux mots; réfléchiſſons ſur les choſes mêmes. Les Edits doivent être irrévocables, quand la matiere qu'ils contiennent, quand leur objet eſt de droit naturel, ou quand ils tiennent la place, ou qu'ils ont la force d'un Traité fait de bonne-foi. Or le *Tſandenidt* eſt dans l'un & l'autre de ces cas. On peut réduire à deux points tout ce qu'il contient; ſavoir la Liberté de conſcience, & la conſervation des droits naturels & civils aux *Kanviliens*.

La Liberté de conſcience eſt d'une juſtice ſi évidente, que dans le ſein même d'*Emor*, qui ſe fait un devoir de la Perſécution, il eſt bien des perſonnes éclairées, qui ne ſont pas d'avis, qu'on en vienne à la contrainte. Il eſt certain

du

du moins que la conscience ne doit pas
être forcée puisqu'elle ne le peut être.
Elle est comme un Subdélégué de la justice éternelle, qui rend compte à Dieu
du cœur de l'homme, mais qui ne le rend
qu'à lui. Or c'est le plus haut degré de
l'injustice, que de vouloir ôter à l'homme
ce que la contrainte même & la violence ne sauroient lui enlever. On ne peut
produire par-là, comme je l'ai déjà dit,
que l'un de ces deux effets; ou de le jetter dans une abominable Hypocrisie, ou
de l'assujettir à des cruautés, qui ne fi-
niront qu'avec sa constance, ou avec sa
vie. Les droits de la conscience sont si
sacrés, que Dieu même, à qui seul elle
est sujette, ne les viole jamais, & qu'il
ménage si sagement les opérations & les
victoires de sa grace, qu'il ne fait jamais violence à cette secrette Liberté.
Donc, les hommes, qui n'ont point de
jurisdiction sur elle, ne peuvent entreprendre de la forcer, sans commettre
une injustice contre laquelle il n'y a ni
Despotisme ni Prescription qui tienne.
Donc

Donc, puifqu'il eft injufte de contraindre la confcience, il eft jufte de la laiffer dans la jouiffance paifible de fes Droits; donc il ne peut y avoir d'Edits plus irrévocables, que ceux qui confervent à la confcience la Liberté que la Nature lui donne.

N'en fera-t-il pas de même des Edits, qui font donnés pour la confervation des Sujets? Les Princes ne font-ils pas Souverains, pour être Confervateurs? Leur autorité eft une image de la Providence, qui ne gouverne, que pour conferver. La rébellion feule peut priver les Sujets de la protection publique. Les *Kanviliens* font-ils, ont-ils été dans ce cas? C'eft ce que nous verrons ailleurs. Ou il faut ôter à ceux, qui vivent fous le bénéfice des Edits, la qualité de Sujets, que la naiffance leur donne, & dont ils portent la marque effentielle dans l'obéiffance, ou il faut leur laiffer comme aux autres tout ce qui leur appartient dans la même qualité. Mais comment leur ôter le titre de Sujets? Ils ne font

font ni étrangers, ni ennemis. Ils ne font pas étrangers, puifqu'ils refpirent en naiffant le même air que nous, puifqu'ils vivent fous la même autorité, fous les mêmes Loix. Ils ne font pas ennemis, puifqu'ils obéiffent. Etant donc Sujets, on ne peut regarder comme révocables des Edits, qui les maintiennent dans les priviléges de leur condition, fi on ne conçoit en même tems qu'un Prince peut légitimement détruire un Etat qui lui obéit, ou qu'entre ceux, qui font membres d'un même Empire, il y en a une partie, qui peut opprimer l'autre, fans avoir égard ni à la juftice ni à l'humanité.

Mais fi de tels Edits font irrévocables par la nature des chofes mêmes, ils le doivent être encore par la force de Traité qu'ils enferment ordinairement. Car ils ne font que des renouvellemens de cette obligation fondamentale, qui eft le devoir naturel de la Souveraineté.

Que le *Tfandenidt* fut un Traité, c'eft ce que l'Hiftoire nous apprend. On y

remarque des Parties, qui ont des prétentions différentes, qui députent, qui con-
férent, qui contestent, qui conviennent:
Nulle formalité omise, Ces Négociations durent 4. ans. Quel Traité de Roi
à Roi, d'Etat à Etat, a eu plus de marques & de circonstances d'un véritable
Traité ? Il est vrai qu'il n'en porte pas
le nom. Mais que fait le nom à la chose?
Ce n'est qu'une pure chicane.

On peut envisager ce Traité sous deux
faces différentes, ou comme fait entre
le Roi & ses bons & fidéles *Kanviliens,*
ou comme fait entre les *Kanviliens* &
nous, sous une espéce de compromis entre
les mains du Roi, qui est en cette qualité le souverain Juge & l'Arbitre né de
tous les différends qui se forment entre
ses Peuples. Ces deux égards ne se con-
tredisent point, & peuvent naturellement appartenir à un même acte. Le
Tsandenidt est donc en même tems un
Traité, où le Roi & les *Kanviliens* s'obli-
gent réciproquement à de certaines choses, & où les autres Sujets & les *Kanvi-*
liens

liens font reglés fur leurs différends par les décifions du Roi, feul Arbitre légitime de leurs prétentions réciproques.

En confidérant en premier lieu le *Tfandenidt* comme un Traité entre les *Kanviliens* & le Roi, celui-ci, quand il vint à la Couronne, les trouva les armes à la main pour deux raifons, 1o. parce que depuis près de 20. ans ils expofoient conftamment leurs biens & leurs vies, pour le défendre lui-même contre ceux qui lui vouloient ravir le Thrône. 2o. ils étoient armés pour leur propre confervation contre des Perfécuteurs de tous les tems; de forte que le Traité qu'ils avoient à faire avec le Roi, étoit en même tems un Traité de récompenfe pour leurs fervices, & de l'autre un Traité de précaution contre ces implacables ennemis, fous l'affurance duquel ils pûffent quitter les armes; d'où il s'enfuit, que tout ce qui eft contenu dans le *Tfandenidt* n'eft rien autre chofe, ou que des conceffions pour les contenter fur leurs demandes, ou que des

sûretés équivalentes à celles qu'ils auroient pu trouver dans leurs armes ou
dans leur courage. C'étoit une protection qu'il leur promettoit solemnelle-
ment, dont on ne pouvoit se départir
sans violer la bonne foi, qui est l'ame
des Sociétés.

Mais, dira-t-on, les Sujets peuvent-
ils traiter avec leurs Rois ? Pourquoi
non ? Dieu a bien traité avec les hommes. La distance de Roi à Sujet est-
elle aussi grande que celle du Créateur
à la Créature ? Les *Kanviliens* étoient
dans le cas le plus favorable.

Considérons *Kratenhueri* comme trai-
tant en qualité de Pere commun de son
Peuple. Les *Emorains* & les *Kanviliens*
étoient Parties dans ce Traité ; puisque
les uns & les autres en retiroient les
fruits qui en résultoient. Le Roi juge
de leurs différends ; & ses décisions étant
justes, l'Arrêt du Médiateur doit être irrévocable. Les uns & les autres négo-
cierent, & enfin consentirent. L'Oracle
a parlé ; il a fait la Loi. C'est donc une
af-

affaire finie. Le Traité eſt conclu, & le Prince en eſt le garant, parcequ'il eſt le chef des trois Etats du Roïaume, qui y ſont compris.

Un Traité délibéré mûrement, où le Souverain entre lui-même, des Parties qui conviennent en pluſieurs choſes, & entre leſquelles leur Arbitre né décide celles qui étoient conteſtées, une ré-formation de pluſieurs articles ſur les contradictions des Parties qui intervien-nent ; un acquieſcement général d'un côté, diverſes marques de conſentement de l'autre, tout cela forme un certain degré de fermeté, qui devoit rendre les déciſions de *Kratenhueri* éternelles & immuables, d'autant plus qu'on ne pou-voît les révoquer ſans pécher contre la même juſtice & le même devoir qui les avoit dictées.

CHA-

_____

CHAPITRE VII.

Réfléxions sur la Révocation du Tsandenidt.

LEs Courtisans & les *Kuéves*, qui trouvent leur compte à entêter les Princes de leur puissance arbitraire n'ont pas
manqué de poser pour une de leurs
maximes, que les Prédécesseurs ne peuvent obliger ceux qui leur succédent,
que les Loix meurent avec celui qui les
a faites. J'avoue qu'il est des engagemens dont l'obligation est éteinte par la
mort de celui qui les avoit formés. Mais
on a tort de faire de cette maxime une
application générale. Il ne peut être vrai,
que la mort d'un Prince dispense son
Successeur des devoirs qui sont attachés
à la Couronne qu'il lui laisse. Les Roïau-
mes sont comme des héritages.

Qu'un Prince engage son Domaine.
Son Successeur n'est-il pas obligé à lais-

ser

fer fubfifter cet engagement, jufqu'à ce
qu'il ait dédommagé les Engagiftes? Qui
a jamais dit, que la mort de celui qui
l'a engagé pour conferver l'Etat à fon
héritier, dégage cet héritier, & l'auto-
rife de ruiner ceux qui ont pris ces engagemens, par cette feule raifon que le
Traité de fon Prédéceffeur ne l'oblige à
rien? Les Traités, les Alliances qu'on a
fait avec les Etrangers, font-ils rom-
pus par cela feul que le Prince a changé
de nom, & que le Fils regne au lieu du
Pere? On les rompt fans fcrupule; mais
cela eft-il permis? Les Fraudes des Princes font toujours fraudes; & un Roi de
Frokiranie qui ne païe point fes dettes,
eft infiniment plus coupable qu'un Mar-
chand Banqueroutier.

Quelle confufion horrible ne regne-
roit pas dans le Monde, fi toutes les
fois qu'un Souverain vient à mourir, les
Sujets devenoient incertains de leur fortune, & fe trouvoient abandonnés à la
difcrétion d'un Succeffeur, qui ne fe
croiroit pas obligé de ménager leurs im-

mu-

munités & leurs priviléges? Il ne s'agit
pas ici de ce qui se peut, mais de ce
qui se doit. Il n'y a ni Loix naturelles,
ni Loix divines, ni conventions humai-
nes, qui puissent donner à quelqu'un le
droit d'être injuste. Il est même inconcevable & contradictoire, qu'on puisse
avec droit de violer le droit.

C'est surtout en *Frokiranie*, que cette
maxime est véritable. On y dit communément, & on y tient pour une Loi de
l'Etat, que le Roi n'y meurt point. Or
cela ne se peut entendre à la Lettre,
puisque les Rois n'y sont immortels que
dans les Inscriptions. En quel sens donc
doit-on le prendre? En ce que la mort
du Roi ne change rien à l'Etat; le Roi
ne meurt point, parce que l'Empire en
changeant de maître, ne change point
de condition, parceque toutes les obligations entre son Prédécesseur & ses Sujets subsistent. Il n'est pas tenu de conserver les droits de ses Sujets, parce qu'il
le jure; mais il jure de les garder, parce
qu'il

qu'il le doit ; & c'eſt avec cette charge, que la ſuprême puiſſance lui eſt dévolue.

De ces Principes inconteſtables, il s'enſuit, que le *Tſandenidt* étoit néceſſaire, juſte, équitable, comme je l'ai déjà prouvé, les Princes, qui hériterent de la Couronne de *Kratenhueri* étoient indiſpenſablement obligés de le maintenir ; comme ils ſont entrés dans tous ſes droits, ils ſont entrés également dans tous ſes devoirs. La Révocation de cette Loi ſacrée eſt donc une injuſtice criante.

Vous en conviendrez, ſi vous réfléchiſſez que *Zéokuarotizul* avoit expreſſément promis ſa conſervation. Les Loix de ſon Ayeul ne lui étoient point étrange-es ; il les avoit authoriſées ; il les avoit faites ſiennes. Il les avoit adoptées ſolemnellement, avec des démonſtrations de bienveillance & d'amitié. Il les avoit revêtues de toute l'authenticité poſſible. Les violer n'eſt-ce pas un Parjure énorme ?

La mauvaiſe foi eſt la baze de l'Edit

révocatif. On y fuppofe que le *Tfan-denidt* n'étoit que Provifionnel. Vivent les Difciples d'Alloyo ! Ils favent prouver, que Perpétuel & Provifionnel font termes Synonymes. J'aimerois autant dire, qu'il n'y a point de différence entre Servitude & Liberté. Peut-on, fans aprêter à rire à tout l'Univers, mettre une pareille bévue à la tête d'un Edit, qui porte un nom refpectable ? *Zéokuaro-tizul* étoit jaloux de fa gloire ; fi fon ignorance ne lui avoit pas fermé les yeux fur l'atteinte que cela y donnoit, il auroit certainement difgracié le bigot *Tillarete*, le grand Promoteur de cette affaire. Mais un nuage épais lui déroboit le véritable état des chofes. Que les Princes font malheureux ! Quelqu'amour qu'ils aïent pour la vérité, ils ne fauroient la poffeder. Veut-elle approcher du thrône ? Le Courtifan l'en écarte.

Dire que le *Tfandenidt* étoit Provifionel, c'eft faire une injure atroce à la mémoire du plus grand de nos Rois, qui

qui se piquoit d'être un religieux obser-
vateur de sa parole, & *qui ne trouvoit*
pas bon d'avoir une chose dans l'intention,
& d'écrire l'autre, comme il le disoit sur
ce sujet même, en parlant aux Députés
du Sénat de *Rispa.*

Bien plus, les termes mêmes du Pré-
ambule de l'Edit de Révocation prouvent que celui qu'il supprimoit, étoit irrévocable, puisqu'ils prouvent que celui-ci devoit durer, jusqu'à ce que les
différends qui l'avoient occasionné seroient terminé par l'autorité d'un Juge
reconnu des deux côtés, ou par une
réunion volontaire.

Il paroit clairement par cette Préfa-
ce, qu'on en avoit grossierement impo-
sé à *Zéokuarotizul,* auquel on avoit fait
entendre que le *Tsandenidt* étoit inutile,
puisqu'il ne restoit que quelques *Kanvi-*
liens dans ses Etats. Mais l'événement
donna un démenti formel à ceux qui s'é-
toient servis de ce prétexte. Le Roi
fut réduit à donner arrêts sur arrêts pour
extirper ces *Kanviliens* qu'on lui avoit
dit

dit être rentrés dans le sein d'*Emor*. Plus de 50 mille Ames, qui périrent dans les Supplices, sur le Gibet, sur la Roue, dans les Galeres, plusieurs milliers d'Opiniâtres que rien n'avoit pu fléchir, plus d'un Million d'Ames qui chercherent hors de leur Patrie la Liberté de conscience font une preuve vivante, qu'il y avoit encore des gens à qui l'observation du *Tsandenidt* étoit due pour sûreté. Et que dirai-je de ces assemblées nombreuses de 20 à 30 mille Ames, dont nous avons été depuis peu les témoins ?

Mais, dit-on, on a jugé à propos d'abolir la Mémoire de tous les maux que les *Kanviliens* avoient causés parmi nous. Fausse excuse. Les *Kanviliens* n'étoient point coupables ; mais quand ils l'auroient été, de quelle dangereuse conséquence ne seroit pas une pareille maxime ?

Le malheur des tems, dit-on aussi, avoit forcé *Kratenhueri* à donner le *Tsandenidt*. Ces raisons ne subsistant plus ; il

étoit

étoit permis de le révoquer. 1°. Il eſt faux que *Kratenhueri* ne l'ait pas donné librement & de bon gré. 2°. Les mê.mes Raiſons qui l'avoient établi ſubſiſtoient. 3°. Quant c'auroit été l'ouvrage du malheur des tems, il ne pouvoit ê.tre ſupprimé ſans injuſtice; & cette maxime qu'on a débitée comme un axiome eſt très propre à bannir de tous les Contrats & de tous les Traités la Bonne.foi.

Les ruſes que mit en œuvre *Zéokuarotizul*, pour miner peu à peu ce parti, ne lui font pas honneur. Le dénouement de la Tragédie, dont les Dragons fûrent les Acteurs, & les *Kanviliens* les Victimes, le fera toujours regarder par les gens ſenſés comme le plus mauvais Prince, qui ait encore rempli le Thrône des *Frokirans*.

Quelques uns ont dit, que les *Kanviliens* s'étoient rendus indignes de la Grace qui leur avoit été accordée. C'eſt une accuſation en l'air; & d'ailleurs on ne la pourroit former contre ceux à qui le

Tſan-

Tfandenidt fut ôté. Leurs Peres se dé-
fendirent contre l'oppreſſion, & aucun
Frokiran ne ſçauroit le trouver mauvais,
s'il réfléchit ſur l'état de Liberté où la
Patrie étoit encore alors. Nous ne com-
prenons pas les droits de la Liberté,
parce que nous ne l'avons jamais goû-
tée. Un aveugle né ne peut compren-
dre quelles ſont les délices de la vue.
Ceux qui ont toujours vû obéir ſans murmurer, qui ont été nourris dans la terreur, que la naiſſance, l'éducation, l'exemple, l'intérêt ont formés au joug, ne
peuvent bien juger de la nature & des
prérogatives de la Liberté.

Mais ſuppoſons que les guerres des
Kanviliens étoient injuſtes; cela ne re-
gardoit point ceux auxquels on a ravi
la protection du *Tfandenidt*. Pourquoi
punir les enfans du crime des Peres?
Les *Kanviliens* étoient préciſément dans
le cas le plus favorable, quand leurs
Priviléges fûrent ſupprimés ; & l'Edit
qui leur aſſûroit la Liberté de conſcience, étoit au moins auſſi irrévocable
que

que l'eſt celui, qui exclut les femmes du Thrône. Je défie, qu'on me donne une ſeule raiſon en faveur de celui-ci que je ne puiſſe appliquer à celui-là.

Mais détruiſons le fantôme de Deſpotiſme, dont quelques-uns ont coloré la Révocation du *Tſandenſdt*, au hazard de paſſer pour mauvais *Frokirans*.

CHAPITRE VIII.

Le Deſpotisme.

LEs rebellions dont on accuſe les *Kanviliens* pour maintenir leurs priviléges, ſeroient peut-être criminelles, ſi les Rois étoient deſpotiques. Pour faire leur Apologie, & forcer leurs ennemis dans leurs derniers retranchemens, je dois donc prouver qu'ils ne le ſont pas. Et cela eſt aiſé.

Les Peuples, dit le Roi de *Zerpus* ont trouvé néceſſaire pour leur repos & leur conſervation d'établir des Juges

pour

pour régler leurs différends, des Protecteurs pour les défendre contre leurs ennemis dans la poffeffion de leurs biens, des Souverains pour réunir tous leurs intérêts divers en un feul intérêt commun. C'eft donc la Juftice, ajoute-t-il, qui doit faire le principal objet d'un Roi, & le bien de fes Peuples fon grand intérêt. Que deviennent alors ces idées de Defpotisme? Le Prince, loin d'être le Maitre abfolu de fes Sujtes, n'en eft que le *premier Domeftique*.

Apès cette décifion dictée par l'impartialité même, je pourrois m'abftenir d'infifter fur ce fujet; mais cette erreur a tellement pris dans ce Roïaume, qu'en verité, quelque refpect que nous aïons pour le grand Roi, qui plaide fi généreufement la caufe de la Liberté, nous ne reviendrons de notre prévention qu'à bonnes enfeignes.

J'établis pour principe incontestable, que tout ce qui eft injufte ne fauroit nous lier. Or, pour que le Gouvernement defpotique foit jufte, il faut fuppofer

poſer cette Maxime, qu'il n'eſt pas eſ-
ſentiel à un Contrat, que les Engagemens ſoient mutuels; que l'on peut fort
bien ſtipuler, vous ſerez mon Eſclave
& je ſerai, s'il me plaît, votre Tyran,
vous m'obéirez inviolablement, & je
ne vous protégerai qu'autant que je le
voudrai, vous ne pourrez me quitter
ſans ma permiſſion, & je vous chaſſerai
contre la foi de mes Sermens. Voilà au
naturel, à quoi ſe réduit le pouvoir deſpotique. Je demande à toute la terre
s'il peut être légitime. S'il peut l'être,
ces propoſitions pourront être vraïes
auſſi: le noir eſt blanc, & le faux eſt
vrai. Y a-t-il aucune obligation juſte,
qui ne ſoit réciproque? Peut-on conce-
voir, ſans donner un ſoufflet au ſens
commun, que des millions d'hommes
doivent tout à un ſeul, ſans que celui-
ci leur doive rien? Le Prince n'eſt-il
pas plus à l'Etat, que l'Etat n'eſt à lui?
Remontez juſqu'à l'origine des Monar-
chies, vous en conviendrez.

L'Etre ſouverain eſt lié par ſes per-

I   fections.

fections. Les Rois feroient-ils plus puiffans que lui? Ne feroient-ils liés que par leur volonté, qui change au gré de leurs paffions, ? Le bonheur des Peuples, leur état ne dépendroit-il que de la qualité du Sang de leurs Souverains?

Toutes les Sociétés font libres, parce qu'elles font toutes établies, fur ce Traité originel & fondamental, que le Prince veillera au bonheur des Peuples. Favorifer le Defpotifme, c'eft croire que les hommes ont été affez imbécilles pour donner à d'autres hommes le pouvoir de les détruire : favorifer la Liberté, c'eft croire qu'ils ont renoncé à l'Indépendance, dans laquelle ils naiffent tous les uns à l'égard des autres, parce qu'ils ont trouvé plus de fûreté dans leur union pour une commune défenfe, ou dans la protection du plus fort.

Tournez la chofe comme vous voudrez, vous ne perfuaderez jamais perfonne, que la confervation ne foit pas le but naturel des Sociétés. Il y a toujours

jours un Traité tacite ou exprès entre le Souverain & le Sujet. L'Esclavage est si contraire à la Nature, qui nous crée libres, qu'il n'est pas même permis à un homme de soumettre sa vie sans aucune condition aux fantaisies & aux caprices d'un Maître. La Liberté naturelle est toujours privilégiée. Comme elle est un des biens attachés à l'existence de l'Homme, ses droits renaissent & se rétablissent, aussi-tôt que celui auquel il les a soumis, en abuse pour sa destruction.

Je n'ignore pas qu'il est dans le monde bien des exemples contraires: mais qu'on y prenne garde. Ce n'est pas le droit, qui authorise la tyrannie; c'est la violence du plus fort, qui étouffe par la terreur la voix de la Nature. Je suis surpris que la force ne respecte pas encore moins les Maximes de la Justice. Les Peuples sont d'un côté si patiens, & de l'autre les Rois sont si ambitieux, qu'en vérité il est étonnant, que le Despotisme, tout déraisonnable qu'il est,

n'ait

n'ait pas fait plus de progrès.

Partout où les Leçons de la Justice & de la Nature sont écoutées, les rélations de la Souveraineté & de la Sujettion sont fondées sur une condition primitive, qui met toute l'autorité d'un côté, à condition d'être emploïée à la conservation commune & toute l'obéissance de l'autre, à condition d'être récompensée par la Protection. D'où il s'ensuit que le *Tsandenidt* n'étant qu'un renouvellement de l'obligation primitive du Souverain de pourvoir au bien de ses Peuples, étoit aussi irrévocable, que la condition fondamentale de la suprême Puissance.

Les Peuples ont bien élû des Rois, mais, jamais ils n'ont créés des Rois despotiques. Si vous en exceptez le Roitelet de *Karmendek*, le seul, dans tout l'Univers, que ses Sujets *aïent fait le Maître de leurs biens, de leurs vies, de leur sang & de celui de leurs enfans,* tous les Princes sont obligés de rendre à leurs Peuples un compte de leurs actions d'autant plus

plus rigoureux, que leurs actions décident de leur bonheur.

Tous les Rois font Sujets ; tous les Peuples font Souverains. Les premiers, en ce qu'ils dépendent des Loix, naturelles au moins ; les seconds, en ce qu'ils font les Auteurs de l'obéissance jurée en corps à ces Loix. Les uns en ce qu'ils deviennent sujets à la peine de Perturbateurs du repos public, en les violant ; les autres en ce qu'ils ont droit de veiller à leur exécution, & de prendre les armes pour mettre à la raison les infracteurs.

Prendre les armes ! quelle étrange Opinion ! dira-t-on. Et que trouvez-vous là d'extraordinaire ? Quoi ? Vous voudriez que je regardâsse comme mon Roi un Scélérat qui est devenu mon Tyran ; que je gardâsse mon serment envers qui n'a pas respecté celui qu'il m'a fait ; que je fûsse fidele à qui me trahit, que j'honorâsse comme mon Pere, mon ennemi le plus cruel ; que j'adorâsse les vents & la tempête ; que je baisâsse la main qui veut me percer le sein ?

Un

Un *Noisda*, devant qui je soutenois avec vivacité la Liberté des Peuples, quand les Rois l'opprimoient, me demanda ; Qui jugera entre le Prince & le Sujet ? Un Roi est toujours coupable, lui répondis - je, quand la plus grande partie de ses Sujets le trouve tel. Qui jugera entre eux ? vraiment! ce sera le Droit naturel. Mais en *Karmendek* votre Patrie, (si tant est que Patrie & Roi arbitraire ne soient pas termes contradictoires.) la Force décidera, n'y aïant plus de Droit naturel pour vous, qui avez secoué le Joug de la Raison pour porter celui d'un homme.

On dit communément, que le Pouvoir des Rois est émané de Dieu, au lieu de dire que la Liberté des Peuples est un présent de l'Etre suprême. L'Autorité des Rois émane de la Concession volontaire des hommes. Je crois bien que Dieu l'approuve, quand elle est limitée, s'entend ; mais je ne crois pas, que les Conseils des Princes puissent fournir les titres justificatifs de cette éma-

émanation divine , dont on parle tant,
& qui n'eſt dans le fonds qu'une chimere, inventée par l'ignorance, entre-
tenue par la flatterie, & que la Force
m'a bien la mine de perpétuer, au préju-
dice des plus pures lumiéres de la Raiſon & des véritables intérêts des hommes.

Bien plus. L'Univers entier ſe fut-il
accordé à déférer aux Rois le Deſpotiſme le plus abſolu , ſans que ceux ci
ſe fuſſent engagés à rien , je ſoutiens
qu'un tel Contrat ſeroit nul. Pourquoi?
parce qu'il eſt vicieux en lui-même ; parce que nous n'avons aucun droit de
changer la Nature des choſes ; parce
qu'un engagement qui empiéte ſur la
Puiſſance divine ne ſauroit être valide ;
parce que nous n'avons pas le pouvoir
de remettre entre les mains des autres
ce qui ne nous appartient pas , & de
leur permettre ce que nous ne ſçaurions
leur accorder ſans crime.

Les réfléxions, que je viens de faire, ſont trop ſenſées, pour être goû-
tées d'un grand nombre de perſonnes.

Choſe

Chofe étrange, qu'en plaidant d'une maniére desintéreffée la caufe de je ne fçai combien de millions d'ames, on trouve fi peu d'Approbateurs? L'*England* eft-elle le feul païs où les mortels penfent? L'indépendance n'eft-elle pas naturelle à l'homme? Le facré nom de Liberté, qu'il prononce avec tant de plaifir n'eft-il qu'un vain nom? Nous naiffons fans chaînes; n'aimons-nous à vivre que dans l'efclavage?

CHAPITRE IX.

Le Defpotifme du Roi des Kofirans.

LE Droit primordial de la Maifon regnante, à la Couronne n'eft pas encore bien établi; & vraifemblablement le premier Roi de cette Race n'étoit qu'un habile Ufurpateur. Ses Succeffeurs ne fûrent certainement pas defpotiques. La *Kofiranie* eut jufqu'à *Zeokinizul* le même Gouvernement à peu près que l'*England*.

gland. Ce Prince, qui étoit un rusé Politique, commença d'en altérer la forme en portant atteinte aux Libertés de l'Etat, comme l'a fort bien montré, sur de bons Mémoires *Kloduz*, à qui sa sincérité fallit coûter la Prison.

Le Despotisme fit peu de progrès durant les Guerres civiles. Mais le *Klarnardy* de *Kileriu*, Ministre que le Ciel nous donna dans sa fureur, le porta au plus haut point. Tout le monde sait quels artifices cet habile, mais abominable homme mit en œuvre pour élever l'édifice du Pouvoir arbitraire, en abaissant la Noblesse, en rendant les Princes du Sang dépendans de la Cour ; en supprimant les Etats Généraux ; en enlevant aux *Kanviliens* les places de sûreté ; en proscrivant sans quartier tous les usages, toutes les Loix, qui lui faisoient ombrage.

Zéokuarptizul mit la derniere main à l'ouvrage, qui étoit déjà fort avancé. Ce Monarque se servit de l'amour qu'ont naturellement les *Fokirans* pour leur Roi,

I 5 &

& s'en fervit, c'eft ce qu'il y a de piquant, pour les ruiner & les enchaîner. De nombreufes armées qu'il avoit fur pié, même en tems de paix, le mîrent en état d'appefantir leur Joug.

Quels malheurs le Defpotifme n'entraîne-t-il pas après foi ? fi les *Kofirans* avoient eu le courage de faire monter fur un Echaffaut le diabolique *Zeabker-nulf*, après qu'il eut ordonné la fanglante Tragédie, qui faifoit périr la moitié de fes Sujets par les mains de l'autre moitié, *Zéokuarotizul* n'auroit affurément pas ofé entreprendre de faire 4. ou 5. millions de malheureux, & de renouveller les mêmes horreurs. A combien d'hommes la tête de quelques Rois n'auroit-elle pas fauvé la vie? Combien d'Innocens dont la poftérité fe feroit perpétuée dans le Roïaume, fi quelques coupables Couronnés avoient été immolés à la vengeance & à la tranquillité publiques?

La *Kofiranie* ne rentrera jamais dans les Droits qu'elle a perdus. Son Prince
fera

fera toujours non feulement defpotique de fait, mais encore defpotique de droit, quand il voudra. Ses Sujets feront toujours des Efclaves, fes Courtifans des Marionettes, fes Confeillers de lâches Flateurs, fon Sénat une Chimere.

Le Sénat de *Rifpa*, qui quelquefois s'eft avifé de croire qu'il étoit autre chofe qu'une Cour de Juftice, eft regardé par quelques-uns comme l'appui de la conftitution fondamentale de l'Etat; mais quel foible appui ? Il foutient fi nonchalamment fes Droits, il enregître fi facilement les Edits les plus contraires à la Liberté du Peuple, que fa conduite ne reffemble pas mal au procédé des Lacédémoniens, quand ils fe rendîrent aux ordres d'Alexandre, qui vouloit être déifié ; il veut être Dieu, dirent-ils, qu'il le foit. De même le Sénat de *Rifpa* dit : le Roi le veut, foit. La différence eft toute à l'honneur des Spartiates, qui divinifoient le Roi de Macédoine, en lui faifant fentir qu'il mériteroit mieux d'être logé dans les Pe-

tites-

tites-maifons, que dans l'Olympe, au lieu
que le Sénat accepte & enregître les Or-
donnances du Roi, en cédant infenfiblement jufqu'au Droit qu'il a de les enre-
gîtrer, pour qu'elles aïent force de Loi.

Ce fantôme voudroit anéantir les
Etats Généraux; & il ne tient pas à lui
qu'on ne les regarde fur un fort petit
pié. Le *Klarnadi Broniale* voulant, il y
a quelques années, exciter des troubles
en *Kofiranie*, fit répandre quelques Libelles, l'un qui étoit adreffé aux Etats
Généraux fut déféré entre autres au Sénat par le Procureur Général de *Zéokinizul*. ,, Cette Piéce, dit ce Magiftrat,
peut-elle être attribuée à un Prince, qui
,, fait que les 3. ordres du Roïaume ne
,, *forment aucun corps* dans l'Etat, que
,, quand ils font affemblés? Il fait qu'ils
,, ne peuvent l'être que par la permif-
,, fion du Roi; il fait enfin que les Etats
,, affemblés *peuvent repréfenter*, mais
,, qu'ils *ne décident point*, *qu'ils peuvent*
,, *faire des remontrances*, *mais non pas*
,, *des Loix*. Le Sénat confirma par ar-

rêt

rêt le Réquisitoire du Procureur Général & porta, ce me semble, le dernier
coup à nos Libertés.

Mais écartons ces tristes Images. Il
n'est que trop vrai, que nous vivons dans
la plus accablante servitude, que nos
Chaînes s'appesantissent tous les jours,
que nous dépendons de tous les caprices
d'un seul homme, & que *Zéokinizul* est
si despotique, que s'il aimoit autant le
sang humain qu'il aime celui des bêtes
fauves, il pourroit en inonder la *Kofiranie*, sans qu'on osât murmurer. Que les
tems sont changés! *Zoikul*, un de nos
premiers Rois, n'étoit que le Général
d'une Armée libre, qui avoit conquis à
la pointe de l'épée les terres qu'elle se
partageoit; *Zéokinizul*, son Successeur,
est aujourd'hui Maître absolu de toutes
ces terres, qu'il peut donner à qui il
veut, selon son bon plaisir; qu'il charge
d'Impots si exorbitans, qu'autant vau-
droit-il en ôter aux Possesseurs la pro-
priété, qu'il confisque à son profit, sous
ombre de l'infraction de quelques Loix
im-

impoſſibles à obſerver. Quels maux ce déſordre ne produit-il pas toujours? Les *Koſirans* ne ſont plus que les fermiers de leurs biens ; & il ne leur eſt pas même permis de les vendre.

Les Troupes que le Roi a toujours ſur pié ſont les plus fermes appuis de la Monarchie arbitraire. Tous les Princes, qui y aſpirent, uſent de la même Politique. Heureuſe *England*! qui ne ſouffres en tems de paix qu'un petit nombre de Soldats, tu conſerves le précieux thréſor de la Liberté dont tu jouis, & dont tu éprouves les heureux effets!

Notre ſoumiſſion à *Emor* ne nuit point au pouvoir de nos Princes. Accoutumés à voir dès la jeuneſſe notre Raiſon dans les fers, nous nous plions aiſément à une Captivité, dont nous ne connoiſſons pas encore toutes les dangereuſes ſuites. Le Sacrifice de nos lumieres naturelles nous façonne à la privation de nos biens. Et cela, dans le fonds, eſt tout ſimple. La volonté d'*E-*

mor

mor eſt la ſeule régle de notre foi. Pourquoi la volonté du Roi ne ſeroit-elle pas
l'unique régle de nos actions?

Un Auteur moderne, c'eſt l'*Ebba le
Klanb*, prétend que nous ne ſommes
point Eſclaves. Tout Peuple heureux
eſt libre, dit-il. Il auroit mieux ren-
contré, s'il avoit dit: tout Peuple libre
eſt heureux. Mais cet Ecrivain s'enfer-
re. Car, ſuivant ſes principes, il manque à ce Roïaume trois degrés de Liberté, puiſqu'il lui manque trois degrés
de bonheur par le manque de 3. quarts
d'habitans, dont il ſuppoſe qu'il pourroit être encore peuplé avec avantage.

Pour juger ſi la *Kofiranie* eſt libre, dé-
finiſſons la Liberté. Dans l'Etat civil,
c'eſt le droit dont un Corps jouit de n'ê-
tre ſoumis qu'aux Loix qu'il s'eſt preſ-
crites, ou qu'il a acceptées de ſon plein
gré, & d'être indépendant de ceux auxquels il en a confié le maintien, dès
qu'ils les violent, ou qu'ils veulent les
faire violer. Cette définition établit les
devoirs réciproques des Sujets & des Souverains.

verains. Mais comme il ne nous reste
plus la moindre trace de ces devoirs, on
ne reconnoîtra pas à coup sûr la *Kofi-*
ranie dans ce tableau.

Mais comme on devroit l'y reconnoître, comme les Droits du Peuple sont
inaliénables, comme le Pouvoir despotique de nos Rois n'est qu'une pure usurpation, comme le Pouvoir absolu accordé même de bon gré ne donne jamais le droit d'être méchant & parjure,
il s'ensuit, que les Sujets peuvent, quand
bon leur semble, s'opposer à la Tyrannie. le Ciel, le juste Ciel exigeroit-il
de nous, que nous rendissions hommage à l'Enfer? Un Monarque qui cesse d'ê-
tre le Berger de son Peuple, en devient
l'Ennemi. L'obéissance à un tel Prince
est un crime de haute trahison au premier chef contre l'humanité.

Ce dernier principe justifie les dé-
marches les plus violentes des *Kanviliens.*
D'abord on persécuta ceux-ci de la façon
la plus cruelle. Ils supporterent quelques années la Tyrannie avec patience:

mais

mais enfin quand ils vîrent que la persécution n'avoit point de bornes, ils s'uni-
rent pour la défenfe de leurs vies, & re-
pouſſerent la force par la force; union
fondée fur le droit naturel, qui ne peut
paſſer pour criminelle, que dans l'eſprit
de ceux qui ſe font intéreſſés à leur en
faire un crime, & qui croïent que les
innocens perdent leur innocence, quand
ils ne ſe laiſſent pas couper la gorge ſans
ſe défendre. Nos Rois prîrent parti
dans ces démêlés, parce qu'ils avoient
été les Auteurs de la Perſécution, & les
caufes de la Rébellion, en rompant les
Traités, en révoquant les Edits de paix,
en ordonnant & en éxécutant les maſ-
facres, *Zortinhéri* fut encore plus loin.
Il avoit juré ſolemnellement de détruire les *Kanviliens*, & de ne faire jamais la
paix avec eux; & par là, il étoit devenu chef de parti, & de Pere commun,
l'ennemi d'une partie de ſes Sujets. Je
le demande au plus zélé partiſan d'*Emor*
& du Pouvoir deſpotique; ces Sujets
perſécutés ne pouvoient-ils pas ſe défen-

K   dre

dre légitimement contre un Prince, qui
leur déclaroit une guerre sans quartier,
& qui les dévouoit comme des victimes
à la fureur de leurs anciens Ennemis ?
Ils n'étoient pas armés contre l'autorité
d'un Roi, mais contre la violence d'un
Destructeur, contre un Tyran, à qui
ils ne pouvoient plus se fier, puisqu'il
avoit juré de violer tous les Traités
qu'il pourroit faire avec eux par nécessité.

Après que *Kratenhueri* leur eut accordé satisfaction par l'irrévocable *Tsandenidt*, la Paix & la Concorde se rétabli-
rent insensiblement. Son successeur commence à l'ébrécher. Voilà les *Kanviliens*
allarmés. Ils importunent pendant 8.
ans la Cour de leurs Requêtes. Le
Roi, au lieu de redresser leurs griefs,
leur déclare la Guerre. Ne les force-
t-il point par cela même à prendre les
armes pour leur défense ? Quoi ? un
Prince rompt un Traité, où il est inter-
venu comme partie & comme garant,
& il ne sera point permis à la partie lé-
sée

fée de foutenir des droits inviolables ?
J'aimerois autant qu'on me dît , que
les Princes font criminels , quand ils
maintiennent les Traités que violent leurs
Ennemis. Permis, fi l'on veut, au Roi
de ne pas tenir fa parole; mais faire un
crime aux Sujets de ne point tenir la
leur , & d'imiter fon exemple, c'eft,
à mon gré, le comble de l'extravagance.

Après la Pacification des troubles, les
Kanviliens rentrèrent dans l'obéiffance ,
quoiqu'ils euffent lieu d'être mécontens;
& rien ne fut capable de tenter leur
foumiffion. *Zéokuarotizul* eut beau les
accabler d'Impôts, les inquiéter tous les
jours par de nouvelles chicanes, leur
faire prêcher les fentimens d'*Emor* par
des Dragons, révoquer enfin le *Tfandenidt* , contre fa parole roïale, ils per-
févererent dans l'obéiffance , quoiqu'ils
fuffent par cela même abfous du ferment de fidélité.

Qu'on ne croïe point , que mes réfléxions tendent à armer les Peuples
contre leurs Souverains. A Dieu ne plaî-

fe!

fe! Les Sujets n'ont qu'à faire ce qu'ils voudront. Peu m'importe. Je ferois bien fâché de troubler le repos des Etats; mais, à vrai dire, je le ferois encore plus d'avoir plaidé pour la Tyrannie & l'Efclavage. On demandoit à quelqu'un, fi les Sujets avoient droit de fe révolter contre leurs Princes. Il répondit, qu'il feroit à fouhaiter, que les Princes fûffent bien perfuadés que les Peuples ont ce droit, & que les Peuples crûffent ne l'avoir pas. Cette réponfe eft très fenfée; je l'adopte.

CHAPITRE X.

L'Equité demande que la fidélité des Kanviliens foit récompenfée par le rétabliffement du Tfandenidt.

ON compte dans le Roïaume trois Millions de *Kanviliens*, reftes infortunés de ce Peuple immenfe, qui fertilifoit nos campagnes & qui enrichif-

feit

foit nos Villes. On peut rendre aifément raifon de ce grand nombre par
le cours progreffif des Générations. S'i-
maginer que toute la *Kofiranie* eft fou-
mife à *Emor*, & qu'à l'exception de
quelques Bandits, tout s'eft réuni, comme on le penfe dans le Confeil du Roi,
c'eft une erreur très groffiére contre
laquelle, Meffieurs les Intendans pourroient fournir de bons Mémoires, fi
l'on pouvoit attendre d'eux plus de fincérité que de douceur. Les *Kanviliens*
peuvent mettre fur pié plus de cent
mille hommes. En plufieurs Lieux,
ils nous furpaffent en nombre & en crédit.

Ils ont vû naître affez fouvent des oc-
cafions favorables au rétabliffement de
leurs affaires. Cependant ils ont fouf-
fert pendant plus de 60. ans avec une
patience à toute épreuve mille véxa-
tions injuftes, mille violences outrées.
On les a pris par tous les côtés où on
leur pouvoit porter quelque coup fenfi-
ble. Ils ne voient aujourd'hui partout

que

que des piéges ou des précipices. On
les a contraints non seulement jusqu'à
n'oser se plaindre, mais encore jusqu'à
n'oser croire, & à désavouer leurs propres pensées. Ils ont vû traîner durant
une longue suite d'années par la malice
de leurs ennemis une persécution, qu'on
pouvoit finir en un jour, comme si on
avoit eu moins en vue de les détruire
que de les fatiguer.

Cependant au milieu de tout cela, ce
Peuple affligé n'est point sorti des bornes de la plus scrupuleuse soumission.
Quelles consolations a-t-il cherché dans
ses maux? Des larmes & des soupirs.
Comment s'est-il opposé au dessein de
ses Oppresseurs? Par une obéissance,
par des sentimens de fidélité capables
d'attendrir tous les cœurs en qui l'esprit d'Intolérance n'a pas étouffé toute
humanité. Il a suivi à la lettre le pré-
cepte de *Ristkesusi*, qui nous ordonne
de prier pour nos Persécuteurs. Il a
toujours rendu service à l'Etat qui le
détruisoit. Il s'est fait une Loi d'être fidéle

déle à ceux qui lui ont manqué & qui lui manquent tous les jours de foi dans des points essentiels.

Un Systême d'obéissance si bien lié ne mérite-t-il point quelque récompense ? Déploiera-t-on toutes les fureurs de la haine contre des gens qu'on n'a point de raison, point de prétexte de haïr ? On les a peint avec les plus noires couleurs ; mais ces couleurs n'ont-elles pas été broyées par les mains de l'Intolérance même ? Si leur conduite ne donnoit point lieu aux invectives d'une éloquence envenimée, pourquoi va-t-on chercher des raisons plausibles dans leurs pensées, dans leurs desirs, dans leurs inclinations ? On leur attribue un esprit brouillon, factieux, inquiet, des Maximes Républicaines, de l'Aversion pour la Monarchie, des Erreurs incompatibles avec le repos du Roïaume. Mais qu'on demande des preuves de ces accusations. On trouvera que ce sont de pures calomnies.

Mais ils ont désobéi aux Ordonnan-

ces,

ces, qui fupprimoient le *Tfandenidt*. Hé, Meſſieurs! de bonne-foi pouvoient-ils y obéir en conſcience? Quelle injuſtice, que de les condamner pour l'infraction des Loix, que vous convenez qu'ils ne pouvoient obſerver! Faites-en, dont l'obſervation ſoit poſſible; ce n'eſt pas trop éxiger; je vous garantis la plus parfaite obéiſſance.

Leur fidélité mérite d'autant plus d'être récompenſée, qu'ils ont été ſouvent follicités par les Ennemis de l'Etat de prendre les armes, ſans que leur fermeté ait été ébranlée. Ajoutez à cela, qu'il s'eſt préſenté pluſieurs occaſions, où le Roïaume auroit été abymé ſans reſſources, s'ils avoient voulu ſe départir de la ſoumiſſion qu'ils ont vouée au Roi. Cent mille hommes, qu'ils peuvent mettre aiſément ſur pié, vu l'union qui regne entre eux depuis la derniére Guerre, donneroient à l'Etat de terribles convulſions. Je ne ſai ce que je dois le plus admirer, ou de l'obſtination avec laquelle ils perſéverent dans l'obéiſſance, béiffance, ou de l'obftination avec laquelle nous perféverons dans notre Intolérance. Certainement la Poftérité, fi elle eft jamais bien informée de ces deux faits contradictoires, aura de la peine à y ajouter foi. Ni l'Hiftoire ancienne ni la moderne ne nous offrent point d'exemples, qu'un Peuple ait fupporté avec autant de patience une fi longue Perfécution.

Mais peut-être qu'on reviendra à la charge, & qu'on me dira, que les *Kanviliens* font des rebelles en ce qu'ils s'affemblent malgré les ordres du Prince. Mais pourquoi le Prince leur défend-il une chofe qu'il doit néceffairement leur permettre. Si l'on viole fes Loix, qu'il s'en prenne à fes Perfécutions. Voilà la fource des malheurs de la Patrie. Il eft permis aux *Kofirans* d'aller aux Spectacles; & il ne leur feroit pas permis d'aller dans les Bois gémir fur les miferes dont on les accable? Les piliers des Spectacles font-ils plus gens de bien, plus utiles à l'Etat, moins vicieux,

K 5

moins

moins turbulens que les Piliers des Affemblées défendues?

Affez & trop long-tems cruels, rede-
venons enfin équitables. Que la Juftice
reprenne fes droits; les *Kanviliens* ren-
treront dans les leurs, la *Kofiranie* rega-
gnera fon premier éclat. La Tolérance
la rendra la Maîtreffe de l'Univers. Les
Perfécutés pourroient demander à titre
de juftice le rétabliffement du *Tfande-*
nidt; accordons-le leur comme une grace; mais de quelle manière que ce foit,
accordons-le leur; permis au Roi d'y
faire telle limitation qu'il lui plaira.

CHAPITRE XI.

Réponfe à une objeſtion fpécieufe.

CEs Conventicules où il fe trouve
tant de monde font dangereux à
l'Etat & à la tranquillité publique. Ce
font des Pépiniéres de Factions & de Ré-
vol-

voltes. Je conviens qu'ils en ont quelquefois produit ; mais qu'on y prenne garde, dirai-je, avec le Sénateur *Kitesieonoum*, c'est l'esprit d'Intolérance qui en est la première cause. Il faut les attribuer à la liberté opprimée ou mal établie, plutôt qu'à l'humeur particulière des Non-Conformistes. Toutes ces accusations disparoîtroient bientôt, & la Conscience ne serviroit plus de prétexte aux Rebellions, si *Emor* posoit pour maxime que tous les *Riskesusiens* se doivent un support mutuel.

Mais, dira-t-on encore, ces Assemblées particulières fomenteront quelques divisions & voudront dominer à leur tour. Pure terreur panique ! si cela étoit à craindre, pourquoi, je vous prie, le Prince permettroit-il au Peuple de se rendre en foule aux Marchés & aux Cours de Justice ? Oh ! répliquera-t-on, ces dernières Assemblées ne regardent que le civil, & les autres regardent le spirituel. Quoi ? Plus on s'éloigne des affaires civiles, & plus on est disposé à les

les embrouiller? Non, dira-t-on, mais ceux qui s'attroupent penſent autrement que le Prince. Qu'en concluez-vous, s'il vous plaît? Ne peut-on être d'une opinion différente, ſans conſpirer d'abord contre l'Etat?

Si les *Kanviliens* s'aſſemblent clandeſtinement, pour ſervir *Riſtkeſuſi* à leur manière, qui doit-on blâmer, ou ceux qui s'y trouvent, ou ceux qui s'y oppoſent? Diſons la vérité, nous les craignons, parce que nous les opprimons, & qu'ils ne doivent attendre pour toute récompenſe d'une vie innocente, que la priſon, les fers, l'éxil, la perte de leurs biens & la mort même. J'avoue, que des Sujets mécontens peuvent ſe porter aux dernières extrémités. La *Handello* n'eſt devenue libre, que parce qu'elle a été perſécutée. Que le Prince prenne de nouvelles meſures, qu'il affectionne les *Kanviliens* à l'Etat, en leur permettant de jouir des mêmes Priviléges que leurs Concitoïens, on verra bientôt tous les ſoupçons s'évanouir. S'ils penſoient

à

à la Révolte, (ce qui n'eſt aſſurément
pas) il ne faudroit en imputer la faute
qu'à l'oppreſſion qu'ils endurent. Le
Gouvernement eſt-il doux & modéré?
La Tranquilité regne partout. Eſt-il in-
juſte & tyrannique? Le trouble & le
déſordre prennent la place de l'obéiſſance. Cet eſprit de Révolte dont on fait
tant de bruit n'eſt point attaché à quelque Société particuliére; il eſt commun
à tous les hommes, que la Nature porte
à ſecouer un joug inſupportable.

Nous regardons *Emor* comme la gar-
dienne fidéle du repos public; pourquoi? Parce que les Loix la favoriſent,
car dans les Païs *Kanviliens*, où les
Loix ne la favoriſent pas, elle eſt
regardée d'un autre œil. Donnons aux
Non-Conformiſtes, une Liberté entié-
re, nous les attacherons au bien du
Roïaume. *Zéokinizul* n'aura point de
plus fidéles Sujets. Peut-être *Emor*
pourra-t-elle faire une bonne recrue.
L'eſprit eſt-il aigri? Il eſt inacceſſible à

la

la Vérité. Quand-il eſt dans ſon aſ-
ſiette naturelle, l'évidence perce aiſément les nuages du préjugé.

Dans l'état où nous avons réduit les
Kanviliens, nous devons appréhender
quelque ſoulevement. Leurs Chefs ex-
pirent ſur un Gibet, leurs Gentils-hom-
mes ſont envoïés aux Galeres, leurs Biens
ſont confiſqués ſur la moindre accuſation, leurs Femmes ſont raſées & en-
voïées à l'infernale Tour de *Konketanz*,
leurs Enfans leur ſont enlevés dans l'âge
le plus tendre. Les corps de ceux qui à
l'heure de la mort ne veulent point
devenir hypocrites ſont traînés ſur la
claye & jettés à la voyrie. Le Roïaume eſt pour eux une priſon. Ne
ſeroit-il pas naturel, qu'ils cherchâſſent
à rendre leur ſituation plus ſupportable?
Ne devons-nous pas craindre qu'ils
n'ouvrent un jour les yeux ſur le droit
inconteſtable, qu'ils ont dë prendre les
armes? Leurs Aſſemblées clandeſtines,
qu'aucune Puiſſance ne pourra jamais
diſſiper, ne ſont-elles pas propres à les
unir

unir pour leur commune défenfe? La Cour
ne doit-elle pas appréhender, que leurs
Chefs ne leur fuggérent les moïens de
brifer leurs chaînes ? l'Ennemi ne peut-
il pas profiter de l'ennui de cette fervi-
tude ? Je ne conçois pas, comment notre Miniftére, dont la Politique eft ad-
mirée dans toute l'Afie , ne remédie
point à ce terrible inconvénient, en af-
franchiffant les Confciences. C'eft un
feu fecret , qui couve fous la cen-
dre, mais qui pourroit un jour caufer
un grand incendie.

Comment le prévenir ? Voici deux
expédiens. Le premier eft de chaffer du
Roïaume tous les *Kanviliens.* C'eft à
quoi l'on ne fe réfoudra jamais; parce
qu'une Profcription de trois millions d'A-
mes feroit une perte dont la *Kofiranie* fe
reffentiroit pendant plufieurs fiécles. Le
fecond qui eft le feul praticable, c'eft de
rétablir le *Tfandenidt.* Quelque objection
qu'on puiffe former contre ce rétabliffement, elle tombera d'elle-même.

Dira-

Dira-t-on, que l'Edit Révocatif est perpétuel & irrévocable? Mais le *Tsandenidt* ne l'étoit-il pas? & une Loi injuste ne peut-elle pas être révoquée en tout tems? Dira-t-on, qu'*Emor* en seroit choquée? Mais le bien de l'Etat ne doit-il pas l'emporter sur le désir de plaire à *Emor*? Nos Rois doivent-ils avoir pour elle une complaisance aveugle? Dira-t-on, que les Fils aînés de l'Empire *Emorain*, doivent se distinguer par leur zele? qu'ils ont montré jusqu'ici, étoit il légitime? Non; je l'ai prouvé. N'a-t-il pas été inutile? Oui; & la *Kofiranie*, remplie aujourd'hui de *Kanviliens* en est une preuve sensible? Dira-t-on, qu'il est dangereux d'autoriser les Assemblées de Sujets, qui n'ont pas le bonheur de penser comme le Prince? Mais, outre qu'il est infiniment plus dangereux de les refuser à des Sujets opprimés, qui ont droit de les demander; & qui pourront avoir un jour la force de se rendre eux-mêmes justice, qu'on m'apporte un seul exemple, par lequel il paroisse

qu'une

qu'une *Tolérance* conftante & réglée de la diverfité des Opinions ait nui à un E-tat ; qu'on fouille dans l'Hiftoire ancienne & moderne, on n'en pourra trouver aucun. D'ailleurs, quand il y auroit du danger à tolérer , s'enfuit-il que l'Intolérance eft jufte? le Prince n'eft-il pas païé , pour veiller fur tous les Membres de l'Etat? Plaifante maniére de regner, que de commencer à fe débaraffer de tout ce qui fait ombrage & de tout ce qui demande des foins! Un Roi, qui pour prévenir les rebellions, rend malheureux une partie de fes Sujets, eft auffi coupable, que le feroit un Roi, qui, pour prévenir toutes guerres , envahiroit les Etats d'un Voifin formidable fans autre raifon que fa crainte.

L   CHA-

CHAPITRE XII.

Semonce.

E*Mor* ne se corrigera-t-elle jamais ?
L'humanité, la douceur, la politesse, qui regnent dans ce siécle ne pour-
ront-elles l'apprivoiser ? Ne se ressentira-
t-elle point de l'heureux changement
qui s'est fait dans les mœurs & dans la
façon de penser ? Ne cessera-t-elle jamais d'imiter ces farouches Chrétiens ,
qui soutiennent l'impiété de leurs erreurs
par des argumens dignes d'elles ? Ne
joindra-t-elle jamais à la pureté des sentimens une vraïe Charité ?

De quel œil regarde-t-elle ceux que le
Préjugé a soustrait à son Empire ? Comme des enfans égarés , qui refusent
de reconnoître leur Mere. Mais est-ce
ainsi qu'elle les traite ? Ne la regarde-
ront - ils pas toujours comme une impi-
toïable Marâtre , eux qui savent , qui
disent ,

difent , qui prouvent que le caractere effentiel de leur Mere eft la Douceur & la Tolérance ? Chofe étrange ! nous les puniffons de ce qu'ils ne reconnoiffent pas un objet que nous leur mafquons. Car, comment voulez-vous , qu'ils nous croïent rigides obfervateurs du Code de *Riftkefufi* , quand ils voïent que nous en violons à leurs dépens la Loi la plus claire & la plus expreffe ? Voulons-nous les ramener ? Le deffein eft louable ; Mais changeons de batterie. Soïons auffi doux que nous avons été cruels, ils viendront en foule fe joindre à nous. Ils écouteront nos leçons d'un efprit tranquile ; & la perfuafion entrera dans leur cœur.

Dervis ! Fadirs ! Ebbas ! Kuéves ! Klarnadis ! Vous êtes les ornemens, ou pour mieux dire, vous devez l'être, de l'Empire de *Riftkefufi* , vous êtes les appuis & les Colomnes inébranlables de thrône d'*Emor*. Que ces titres glorieux ne foient point démentis par votre conduite. Le zéle de la gloire de notre Maî-

tre

tre duquel vous êtes animés, ne doit-il
pas vous ouvrir les yeux fur les véritables intérêts de cette Gloire? Les blas-
phêmes, les impiétés, les facriléges,
l'hipocrifie, & tant d'autres crimes auxquels vous forcez les *Kanviliens*, retom-
beront fur votre tête. Vous en êtes les
Auteurs. Vous êtes les artifans des malheurs du *Riftkéfufifme* & du Roïaume.
Verrez-vous toujours fans pitié plus de
trois millions d'Ames contraintes à fe
jetter dans l'Impiété, dans Athéifme,
ou dans les Fers? Votre intérêt, votre
honneur, votre confcience n'éxigent-
ils pas de vous que vous follicitiez le
rétabliffement de leurs Affemblées? Etes-
vous perfuadés de ce dont vous voulez
perfuader le Public, que le chant des
Cantiques *Fokirans* eft plus criminel que
tant de Chanfons, dont vous n'arrêtez
pas le Libertinage? Votre zéle s'appuïera-
t-il toujours fur la Violence & fur la
mauvaife Foi? Eft-ce pour le bien des
Kanviliens, que vous avez obtenu tant
d'Arrêts fulminans? Eh! fi vous avez
tant

tant de zéle pour le Salut des autres, que n'en avez-vous pour vous mêmes? Pourquoi nous fcandalifez-vous par votre Mondanité? Pourquoi ne réformëz-vous pas une vie qui s'accorde mal avec vos principes, vos devoirs & votre caracte-re? Pourquoi emploïez-vous le bien des Pauvres, la fubftance des membres de *Riftkefufi* à vos plaifirs, au luxe, à la bonne chére, à la débauche? Pourquoi les plus déréglés d'entre vous font-ils les plus zélés Perfécuteurs? Croïent-ils par cette Intolérance paffer l'éponge fur leurs Défordres? Croïent-ils par-là expier leurs Crimes? Si des perfonnes, droites dans le commerce de la vie, irréprochables dans leurs mœurs, perfécutoient les *Kanviliens*, on pourroit imaginer que leur zéle aveugle part d'un Principe vertueux; mais que des *Dervis* qui joignent les égaremens du cœur aux égaremens de l'efprit, que des *Fadirs* que leur oifiveté rend un inutile poids de la terre, que des Difciples d'Alloyo, qui ont dérobé au glaive de la Juftice un de leurs

Con-

Confreres atteint & convaincu d'un crime, peut-être commun parmi eux, qui ont encore les mains teintes du fang du meilleur & du plus grand de nos Rois, qui font toujours prêts à renouveller de pareils attentats, qui font ailleurs fi Tolérans, qu'ils permettent jufqu'à l'Idolatrie, que des *Ebbas*, dont les Romans font toute l'occupation, la Galanterie tout le plaifir, l'Hiftoire des Toilettes tout le favoir, l'air Petit-Maître tout le mérite, que des *Kuéves* voluptueux, que des *Klarnadis* efféminés, fuperbes, avares, qu'un Coupe-jarret (on m'entend.) foient les promoteurs de la Perfécution, c'eft ce qui s'appelle donner la Comédie au Public. On pourroit en rire, fi cette farce n'étoit pas une véritable Tragédie pour ceux qui fouffrent.

Docteurs de *Bonnezor*, Dépofitaires des facrés Oracles de *Riftkefufi*! réveillez-vous de votre Léthargie. Que votre Société, flottante depuis longtems à tout vent, reprenne fon ancienne fermeté! Redonnez-lui par un coup d'éclat

clat son premier lustre. Proscrivez le
dogme impie de l'Intolérance. Vos opinions sont la régle des nôtres. Vous nous
avez assez long-tems nourri par une lâche complaisance du lait du Préjugé.
Que votre Corps, respectable au moins
par son Antiquité, vous doive sa premiére vigueur. Réunissez toutes vos forces contre l'Esprit persécuteur. C'est le
plus grand service que vous puissiez rendre à l'Asie. C'est la plus grande vic-
toire que vous puissiez remporter sur
les ennemis de la Vérité, dont vous avez
été, & dont vous devez être les Protecteurs. Votre Autorité est parmi nous
de plus grand poids que ne l'est la Raison même, parce que nous imaginons
que la Raison vous tire des bras de l'Autorité.

Sanguinaires Disciples du plus extra-
vagant de tous les hommes! ne cesserez-
vous jamais d'en imposer au Vulgaire
ignorant, & de persécuter les Disciples
de *Riftkesusi*? Vous semblez faits pour
accoutumer le monde aux Prodiges. Vous

nous avez déjà défendu de l'aimer ; vous avez défendu la lecture de son Code. Il ne vous reste plus pour vous signaler qu'à prescrire la Tolérance. Un tel phénomene surprendra plus l'Univers que toutes vos noirceurs ne l'ont indigné contre vous. L'Intolérance vous est & si familiére & si naturelle, l'entêtement vous caractérise si fort , que l'Asie ne pourra revenir de son étonnement , si par politique vous revenez à la douceur de *Ristkesusi*, votre Compagnon, à ce que vous prétendez. Vous ne vous soutenez aujourd'hui que par votre ancien crédit. Par-là vous vous fraïerez une route à une nouvelle réputation, à la faveur de laquelle vous pourrez plus sûrement commettre toutes sortes de crimes, & même exercer des Persécutions plus lucratives, & moins criantes. C'est un conseil que je vous donne en Ami. Permettez cet accès de reconnoissance à un de vos Eleves, qui est bien mortifié de ne pouvoir point vous païer en autre monnoïe les obligations, qu'il vous a, & dont

le

le souvenir ne s'effacera jamais de son cœur.

Ministres du Roi! Secretaires d'Etat! Vous venez de sacrifier plus de deux cent mille *Kofirans* à la gloire de la Nation. Ne sacrifiez point les restes nombreux du parti *Kanvilien* à la fureur du zéle intolérant. Le rang suprême auquel la Providence vous a placé vous fait assez d'Envieux; ne vous en servez pas pour vous faire des Ennemis. Vous devez veiller au bonheur des Sujets confiés à vos soins. Ne devenez pas les instrumens de leurs Miseres. La Contrainte est impuissante contre la Conviction de l'Esprit; opposez donc Conviction à Conviction. Vos Prédécesseurs ont épuisé les voïes de la Violence. Essaïez celles de la douceur & de l'équité. Ouvrez les Prisons des *Dervis* ; rendez les enfans à leurs Peres à qui leur Education appartient de droit naturel, & de droit divin. Elargissez les Forçats. Les Galeres ne vogueront pas moins légérement, & les terres en seront mieux cultivées.

L 5

tivées. Brifez les fers de tant de Femmes, qui fouffrent depuis fi long-tems une dure captivité. Réprimez la barbarie des Commandans de Provinces, & ordonnez-leur au moins de ratifier les mariages contractés contre les Loix dans les Déferts depuis une douzaine d'années.

Et vous, Grand Prince, qui faites les délices de vos Sujets, donnez aux *Kanviliens* la Paix. Vous venez de la donner à toute l'Afie. Encore un effort de générofité; & vous mettrez les *Kofirans* au comble de leurs vœux. L'intérêt de votre gloire vous demande le rétabliffement du *Tfandenidt* de concert avec l'intérêt de votre Roïaume, que la Guerre a fort appauvri, & que la Perfécution appauvriroit encore plus. Pourriez-vous vous méfier d'un corps nombreux auquel votre maifon doit la Couronne que vous portez fi dignement? Il feroit bientôt juftifié dans votre efprit, fi les preuves de fidélité qu'il vous a données & qu'il vous donne,

par-

parvenoient jufqu'à vous. Si la conduite des autres Monarques pouvoit être la régle de la vôtre , je vous propoferois l'exemple du Roi de *Zerpuz*, qui tolere fi généreufement les *Emorains* dans fa Capitale ; mais illuftre Prince ! Vous n'avez befoin que de vous-même pour modele. Suivez le penchant qui vous porte à la Modération ; & je fuis affûré que vous accorderez une Tolérance , que le *Riftkéfufisme* éxige , que la raifon approuve , que les *Kanviliens* méritent & que tous les bons *Kofirans* attendent. Amen.

CONCLUSION.

J'Ai prouvé invinciblement 1°. Que la Tolérance eft un devoir du *Rift-kéfufisme*, parce qu'elle eft la marque caractériftique d'un bon *Riftkéfufien*, parce que l'Intolérance eft formellement contraire au Droit naturel, parce qu'elle

a des fuites affreufes, parce que fes Principes font contradictoires , & anathé-
matifés par nos plus habiles Jurisconful-
tes.

2º. J'ai prouvé que la Tolérance civile nous eft néceffaire en bonne Politique, parce que les Princes n'ont aucun
droit d'Infpection fur la confcience,
parce que les Intolérans font les plus
grands ennemis de la Société, parce que
leurs Maximes tendent à armer tous les
hommes les uns contre les autres.

3º. J'ai prouvé que le *Tfandenidt*
étoit irrévocable ; & j'ai ajouté des confidérations peremptoires , qui devoient
engager à le rétablir, en répondant aux
Objections qu'on auroit pu me faire.

Je fupplie ceux qui liront cet Ouvrage
d'en éxaminer foigneufement les Principes. En extraire quelques lignes où je
me ferois contr'dit en apparence, ce ne
feroit rien faire. Il faut qu'on me dé-
montre que mes preuves péchent dans
la matiére, & non dans la forme. Alors
je

je me rendrai, & je deviendrai le plus ardent Perſécuteur des *Kanviliens*.

Ce n'eſt point leur cauſe que j'ai plaidée, c'eſt celle de la Vérité. Je n'ai aucune rélation avec eux. Je les ai regardés long-tems comme de miſérables Bandits. Mais ma ſanté m'aïant obligé de faire un voïage dans une ville de *Kodkueland*, je me ſuis déſabuſé; j'ai déploré le ſort de ces Infortunés; j'ai eu pitié de leur aveuglement; & j'ai déteſté la Tyrannie de l'Intolérance. Là deſſus, je fis le plan de ce Livret :

Emor! ſi tu te plains, que c'eſt là te tra-
    hir,
Fais-toi des Ennemis que je puiſſe haïr.

A Riſpa.

Copié aux dépens du Klarnadi **TEN-KIN & Compagnie**.

FIN.

C L E F

DE

L'ASIATIQUE,

TOLÉRANT.

A

*A*Lloyo (*D'*).	De Loyola.
Asepenk (	L'Espagne.

*B*Ekrinoll.	
Bertkol.	Colbert.
Boisdu (*L'Ebba*).	L'Abbé du Bois.
Bonnezor.	Sorbonne.
Borniale.	Alberoni.
Brakami (*Arkué-ve de*).	Archevêque de Cambrai.

C. D.

C.

D.

D Reſlon.	Londres.

E.

E Bed.	Bede.
El-er-mai (L'Eb-ba).	L'Abbé le Maire.
Eliab.	Baïle.
Eliati (D').	d'Italie.
Emor.	Rome.
Emorains.	Romains.
England.	Angleterre.
Eſſuis (D').	Suiſſes.

F.

F Adirs.	Moines ou Reli-gieux.
Frokira ns.	François.
Frokiranie.	France.

G.

G Adreonizul.	Louis le Grand.

H.

H Andello.	De Hollande.

I. Ive-

I.

IVetol (L'Ebba d').   L'Abbé d'Olivet.

K.

KAnivig.	Chavigni.
Kanvil.	Calvin.
Karens (Le Kisma-re de).	Le Marquis d'Argens.
Karmendek Roitelet.	Roi de Dannemark.
Kierflé.	Fléchier.
Kilerieu (Le Klar-(nadi de).	Le Cardinal de Richelieu.
Kinera.	Racine.
Kitesiconouem.	
Kitesieonoum.	
Klanb (L'Ebba le).	L'Abbé le Blanc.
Kloduz.	Du Clos.
Kodkueland.	
Kofiranie.	France.
Kofirans.	François.
Koirekre.	Gregoire.
Konketanz (Conci-le de).	Concile de Constance.
Kortenheri.	Henry III.
Kratenhueri.	Henri IV.
Kuietur.	Turquie.

CLEF DE L'ASIATIQUE

L.

L Adneulu.   Lovendal.
  Laievote.   Voltaire.
Larzvil (L'Ebba   L'Abbé de Villars.
  de).
Legenu.

M.

M Agernie.   Germanie.

N.

N Airam.   Mairan.
  Nanneteoim (La   La Marquise de
  Kismare de).   Maintenon.
Nardber.   Bernard.
Nechila.   La Chine.
Nelefon.   Fenelon.
Noisda.   Danois.

O.

P.

P Ausrema.   Maurepas.

Q. R.

Q.

R.

R Ayercour.	Courrayer.
Riſpa.	Paris.
Riſtkeſuſi.	Jeſus-Chriſt.
Riſtkéſuſienne.	Jéſus Chrétienne.
Roisdi.	Iſidor.

S.

T.

T Ellenephon.	Fontenelle.
Tenkin.	Tencin.
Terlientus.	Tertulien.
Tillarete.	
Tinrenſlo (Te com de).	Comte de Florentin.
Tſandenidt.	Edit de Nantes.
Touderſtha.	Stathouder.

CLEF DE L'ASIATIQUE

U.

U Sbornak (D').   D'Osnabruk.

V.

V Illeba.   Baville.
Vrelou.   Louvré.

X.

X Eas (Kiraume de).   Maurice de Saxe.

Y.

Z.

Z Anathae.   Anathase.
Zauviram.   Marivaux.
Zeahkernulf.   Charles IX.
Zeibern (L'Ebba de).
Zeimn (Kuêve de).   L'Evêque de Ni-
                 mes.

Zeaukadzeu.
Zenatiskioeum.
Zeokarotizul.   Louis XIV.
Zeokinizul.   Louis XV.
Zeoteirizul.   Louis XIII.
Zerpuz(Krefedirde).   Frederic de Prusse.

Zet-

Zetkalet (*La Kis-marc de*).	La Marquife du Chatelet.
Zetkrez.	Greffet.
Zinakuftu (*Le Kué-ve.*)	L'Evêque Jeanfe-nius.
Zinaninites.	Jeanfeniftes.
Zizour (*L'Ebba de*).	L'Abbé de Sourci.
Zobzuet (*Le Kuéve*).	L'Evêque Boffuet.
Zoikul.	Louis.
Zuttpermau.	Maupertuis.

FAUTES.

Page XVII. ligne 20. *la.* lifez *le.* Pag. 20. *lig.*
8. *mous.* lif. *nous.* Pag. 35. lig 10. *Tierflé*
lif. *Kierflé.* Pag. 57 lig 9 *foient.* lif. *foit.*
lig. 10. *dépendent.* lif. *dépende.* Pag. 58. lig.
10. *membreufes.* lif. *nombreufes.* Pag. 60. lig. 5.
enricbifent. lif. *enricbiffent.* Pag. 60. lig. 22.
confifte. lif. *confiftent.* Pag. 63. lig. 15. *introdnit.*
lif. *introduit.* Pag. 92 lig. 8 *de violer.* lif. *violer.*
Pag. 95. lig. 13. *terminé* lif. *terminés.* Pag. 97.
lig. 5. *quant.* lif. *quand.* Pag. 100. lig 13. *Apés.*
lif. *Aprés.* Pag. 108. lig. 18. *Zeokinizul.* lif.
Zeotsirizul.